AF535124

GEBIRGSWASSER FÜR DIE STADT

PETER PAYER / JOHANNES HLOCH

GEBIRGSWASSER FÜR DIE STADT

Die I. Wiener Hochquellenleitung

FALTER VERLAG

TECHNISCHES MUSEUM WIEN (HG.)

Gefördert von der Stadt Wien Kultur.
Mit freundlicher Unterstützung der Magistratsabteilung 31 – Wiener Wasser.

ISBN 978-3-85439-722-9

1011 Wien, Marc-Aurel-Straße 9
T: +43/1/536 60-0, F: +43/1/536 60-935
E: bv@falter.at, service@falter.at
W: faltershop.at

Herausgeber: Technisches Museum Wien
Autoren: Peter Payer (Text), Johannes Hloch (Fotos)
Lektorat: Helmut Gutbrunner
Umschlagdesign: Raphael Moser
Grafik und Layout: Marion Großschädl
Bildbearbeitung: Reini Hackl, Nadine Weiner
Druck: Florjančič tisk d.o.o., SL 2000 Maribor

Wir haben bei diesem Buch im Sinne der Umwelt
auf die Verpackung mit Plastikfolie verzichtet.

INHALT

VORWORT

Am 24. Oktober 1873 fand die Eröffnung der I. Wiener Hochquellenleitung mit einer feierlichen Zeremonie am Schwarzenbergplatz statt. Frisches Gebirgswasser wurde aus dem Rax-Schneeberg-Gebiet im freien Gefälle über eine Länge von fast hundert Kilometern nach Wien geleitet – eine technische Meisterleistung. Unzählige Quellfassungen, Stollen, Wasserschlösser, Aquädukte und nicht zuletzt drei riesige Reservoirs im Stadtgebiet bilden das technische Rückgrat des imposanten Bauwerks. Bis heute stellt die Hochquellenleitung für die Wasserversorgung Wiens eine zentrale Infrastruktur dar, die immer noch Erweiterungsbauten erfährt, um auch in Zukunft die Trinkwasserversorgung sicherzustellen.

Die vorliegende Publikation würdigt das mittlerweile 150 Jahre alte Pionierprojekt. Dargestellt wird seine wechselvolle Geschichte, wobei deutlich wird, wie sich die Fortschritts- und Technikeuphorie des Jahres 1873 – in jenem Jahr fand auch die Wiener Weltausstellung statt – in der Entwicklung und Anlage der Wasserleitung widerspiegelt.

Während im ersten Kapitel die Baugeschichte und die mediale Vermarktung im Fokus stehen, thematisiert das zweite Kapitel die aktuelle Bedeutung der Hochquellenleitung und ihre Krisenresistenz angesichts des Klimawandels. Der zweite Teil dokumentiert sodann die wichtigsten Bauwerke entlang der Strecke, ausgehend vom Hochgebirge über die Dörfer und Städte südlich von Wien bis zu den Wasserbehältern der Großstadt.

Das Buch versteht sich auch als Begleitpublikation zu einer Fotoschau, die im Technischen Museum Wien in den Bereich der Dauerausstellung integriert ist, in dem die Ver- und Entsorgungstechnik der Stadt schon bisher ein wichtiges Thema war. Zwischen dem Modell eines Wasserturms und eines Dükers, einer Bassena und diversen Erinnerungsstücken an die Hochquellenleitung werden großformatige Bilder projiziert, die die technisch eindrucksvollen Architekturen des Wasserweges, eingebettet in ihre jeweilige Umgebung, verdeutlichen.

Ich danke allen, die zum Gelingen des Projekts beigetragen haben. Besonders Kurator Peter Payer, der die Idee zu Buch und Ausstellung hatte; dem Fotografen Johannes Hloch, dessen Bilder im Buch und im Museum einen würdigen Platz gefunden haben; und nicht zuletzt jenen Kolleginnen und Kollegen, die mithalfen, das Projekt professionell im Haus zu verankern. Bei der Magistratsabteilung 31 – Wiener Wasser bedanke ich mich herzlich für die Bereitstellung zahlreicher wichtiger Informationen und Bildquellen, beim Falter Verlag für die gute und umsichtige Zusammenarbeit.

MAG. PETER AUFREITER
Generaldirektor Technisches Museum Wien

„ZUR EHRE IN ALLER ZUKUNFT“

Wie eine Wasserleitung zum Mythos wurde

PETER PAYER

Die Ausgangslage war klar: Wien benötigte dringend Wasser. Um das Jahr 1860 hatte die Einwohnerzahl die Halbmillionen-Grenze überschritten, Tendenz weiterhin rasch steigend. Die bisherige Wasserversorgung über private und öffentliche Brunnen sowie einige durchaus leistungsfähige Wasserleitungen – allen voran die Albertinische und Kaiser-Ferdinands-Wasserleitung sowie die Siebenbrunner Hofwasserleitung – reichte bei weitem nicht mehr aus. Zudem ließ auch die Qualität des Trinkwassers sehr zu wünschen übrig. Nicht selten wurde es als „lauwarm“ und „trübe“ bezeichnet, bisweilen konnte man es, so Zeitgenossen, nicht ohne einen gewissen Ekel konsumieren. „Dem schmachtenden Verlangen nach einem erfrischenden, kühlenden Trunk kann bekanntlich nur aus den wenigsten öffentlichen Brunnen Wiens genügt werden“, klagte man in der Zeitung. Auch Nutzwasser wurde in immer größeren Mengen benötigt, für die Industrie, zur Bewässerung der Gartenanlagen, aber auch zur Reinigung des immer dichter werdenden Netzes an Straßen und Kanälen.

Die Wasserversorgungsfrage war für die Zukunft der Stadt essenziell geworden. Längst hatten Ärzte nachgewiesen, dass die Verbreitung von Krankheiten und Seuchen mit verschmutztem Trinkwasser in Verbindung stand. Hygienebewegung und moderne Stadtentwicklung gehörten von nun an untrennbar zusammen. Ein Blick ins Ausland bestätigte dies: Paris und London, die damals führenden Metropolen Europas, arbeiteten ebenfalls intensiv – und erfolgreich – an der Verbesserung ihrer Wasserversorgung, wobei sie sich zusätzliches Wasser aus ihren jeweiligen Hauptflüssen bzw. entfernten Quellgebieten besorgten.

Auf welche Weise dies nun in Wien geschehen sollte, darüber gingen die Meinungen auseinander. Die liberale Gemeindeverwaltung unter Bürgermeister Andreas Zelinka erwog mehrere Optionen: die Gewinnung des Wassers aus der Donau, aus dem Wienfluss oder aus anderen Flüssen um Wien; aus Tiefquellen südlich von Wien oder – ganz gewagt – aus Hochquellen des weit entfernten Rax-Schneeberg-Gebietes. Politiker, Techniker und Hygieniker diskutierten die verschiedenen Varianten, ausführliche Untersuchungen und Berechnungen wurden angestellt und in einem Bericht zusammengefasst, der dem Gemeinderat als Entscheidungsgrundlage für die weitere Vorgangsweise dienen sollte.

Dieser schrieb sodann im Dezember 1861 einen internationalen Wettbewerb aus. Die Vorgabe war, „Wien in der kürzesten möglichen Zeit mit gutem Trink- und Nutzwasser zu versehen [...]. Einem aus dem Gebirge herleitbaren Wasser würde vor dem aus der Donau zu entnehmenden der Vorzug gegeben werden.“

Eine klare Priorisierung also, an die sich allerdings niemand hielt. Denn von den eingereichten Projekten sah die Mehrzahl die Verwendung der Fischa-Dagnitz-Tiefquellen im Wiener Becken vor oder die Nutzung des Grundwassers zu beiden Seiten der Donau. Keine einzige Einreichung beschäftigte sich mit den Hochquellen

Panorama der Wiener Hochquellenleitung vom Schneeberg bis nach Wien, Aquarell von Franz Alt, 1873

aus dem Gebirge. Technisch und finanziell allzu herausfordernd erschien dies wohl den meisten Experten.

Zur Prüfung der eingelangten Vorschläge rief die Stadt eine eigene Wasserversorgungskommission ins Leben. Sie hatte die Argumente gegeneinander abzuwägen. Einerseits die mögliche Unbeständigkeit der Gebirgsquellen und die hohen Kosten ihrer Erschließung, andererseits die nicht ausreichende Höhenlage bei der Fischa-Dagnitz-Variante und die hier erwartbaren großen rechtlichen Schwierigkeiten wegen der vielen Grundeigentümer und nicht zuletzt die fragwürdige Verwendung des Donauwassers, das zwar in ausreichender Menge vorhanden, dessen Qualität aber bekanntermaßen äußerst bedenklich war. Wenngleich letztere Variante natürlich auf der Hand gelegen wäre, wie selbst Bürgermeister Zelinka lautstark proklamierte. Für ihn war es schlicht unverständlich, „Wasser mit einem Millionenaufwand vom Schneeberg herbeizuführen, während dasselbe in der Donau an uns vorüberfließt“.

Es folgten heftige Debatten. Befürworter und Kritiker standen sich im Gemeinderat gegenüber, die Diskussionen erreichten aber auch die Gasthäuser und Zeitungen. Das verworrene Dickicht lichtete sich erst, als Cajetan Felder, der erste Stellvertreter des Bürgermeisters, 1863 zum Obmann der Wasserversorgungskommission gewählt wurde. Der gebildete und sprachbegabte Rechtsanwalt galt als aufstrebender Politiker, liberal, mit großem Faible für Naturwissenschaften (er gehörte zu den renommiertesten Schmetterlingsexperten seiner Zeit). Felder bevorzugte große Lösungen, agierte fortschrittsoptimistisch und blickte in die gleiche Richtung wie der Geologe Eduard Sueß, der ebenfalls im Gemeinderat saß und zum wichtigsten Proponenten der Hochquellen-Variante gehörte. Ungeachtet der Worte, die ihm einmal der skeptische Zelinka zugerufen haben soll: „Sueß, Sie sind ein Narr!“

DER SCHWUR VON LEOBERSDORF

Gemeinsam unternahmen die miteinander befreundeten Sueß und Felder im August 1864, begleitet von Regierungsrat Heinrich von Fellner, eine Besichtigungsfahrt in das zwischen Rax und Schneeberg gelegene Höllental. Sie inspizierten das tief eingeschnittene Flussbett der Schwarza, die steilen Ufer mit ihren zahlreichen kleineren und größeren Quellen, vor allem aber die legendäre Kaiserbrunnquelle, die seit Karl VI. zur Versorgung des kaiserlichen Hofes herangezogen wurde. Seit Mitte des 18. Jahrhunderts pendelten sogenannte „Wasserreiter“ zwischen Kaiserbrunn und Wien und brachten frisches Quellwasser in Fässern in die Reichshaupt- und Residenzstadt. Man wusste: Von hier kommt das beste Wasser für Wien. Nach Erbauung der Höllentalstraße Anfang der 1830er-Jahre war an der Quelle ein hölzerner Pavillon errichtet worden, der sich sogleich zu einem beliebten Ausflugsziel entwickelte. Auch die obigen Inspizienten waren von der Qualität des Wassers angetan und nahmen diese Überzeugung auf ihre Rückreise mit.

Beim Umstieg im kleinen Bahnhof von Leobersdorf ergab sich eine Wartezeit auf den Zug nach Wien. Und bei diesem Innehalten und nochmaligem Rekapitulieren des Gesehenen sollte letztlich die endgültige Entscheidung für den Bau der Hochquellenleitung fallen, wie Felder später in seinen Erinnerungen festhielt: „Wir hatten uns mehr und mehr in diese Betrachtung vertieft, als sich Sueß mit den Worten erhob: ‚Lassen wir diese Stunde

Cajetan Felder, 1861

Eduard Sueß, 1869

Der hölzerne Pavillon bei der Kaiserbrunnquelle, 1870

nicht nutzlos vorübergehen, meine Freunde. Geben wir uns, erfüllt von dem Eindrucke dieses reizenden Landschaftsbildes, das unser großer Gedanke beleben soll, das unverbrüchliche Wort, vereint mit allen unseren Kräften, unverdrossen und beharrlich dahin zu wirken, daß die große Idee, die uns hieher gebracht, auch ins Leben gerufen und durchgeführt werde.‘ Und wir gelobten es ihm. Sueß übernahm den wissenschaftlich-technischen, Fellner den finanziellen und ich den juristisch-administrativen Teil des gigantisch-kühnen Unternehmens. So wurde die kleine Veranda des unansehnlichen Bahnhofs von Leobersdorf der Rütli der Hochquellenleitung.“

Wenn auch in diesem Rückblick ein gutes Maß an Verklärung mitschwingt, so war es doch eine wichtige Etappe, die nun genommen war. Und aus heutiger Sicht ein erster Schritt zur sich später noch deutlich intensivierenden, geradezu mythischen Aufladung des Großprojektes. Mit einem Schwur hatte alles begonnen.

Ein weiterer wichtiger Schritt folgte im Jahr darauf. Kaiser Franz Joseph schenkte der Stadt Wien die Kaiserbrunnquelle. Ehemals kaiserliches Wasser für alle, diese Utopie konnte nunmehr wirklich Realität werden. Argumente wie diese wurden natürlich auch im Gemeinderat diskutiert, der 1866 zur Abstimmung des Hochquellenprojekts schritt. Nach stundenlanger Debatte war das Ergebnis da, wenn auch nicht so überwältigend deutlich wie erhofft: 65 Pro- und 45 Contra-Stimmen.

Noch im selben Jahr wurde eine neue Wasserversorgungskommission ins Leben gerufen und mit der organisatorischen Durchführung des Projekts betraut. Die allesamt aus dem Bürgertum stammenden Entscheidungsträger orientierten sich dabei an ihrem Verständnis von Stadt auf moderner wissenschaftlich-technischer Grundlage. Effiziente Vernetzung wurde darin als zentrales Element für die künftige urbane Entwicklung gesehen. Im Falle des Wassers galt es Ver-, aber auch Entsorgungsnetze gleichermaßen zu bedenken. Wasserleitungen, Kanalisation, Verkehrswege, Gas-, später auch Strom- und Telefonleitungen, sie alle waren Teil eines riesigen technischen Netzwerkes, einer gut aufeinander abzustimmenden „Stadtmaschine", wie der Historiker Sándor Békési betont. Für ihr Funktionieren war ungehinderte Bewegung maßgeblich. Wie in einem gesunden Organismus sollte stets alles fließen. Stagnation galt es zu vermeiden.

Wobei die Errichtung derartiger Infrastrukturprojekte durchaus mit regem internationalen Wissenstransfer einherging. Die Metropolen tauschten sich untereinander aus, konkurrenzierten sich natürlich auch, und die mit der Durchführung beauftragten Unternehmen waren letztlich ob ihres speziellen Know-hows global tätig.

Die Riesenmetropole Paris hatte es mit ihrer radikalen Umgestaltung unter Georges-Eugène Haussmann vorgezeigt, auch auf dem Gebiet der Wasserversorgung. Seit Mitte der 1860er-Jahre führte eine 130 Kilometer lange Wasserleitung vom Osten kommend in die Stadt (Aqueduc de la Dhuis, errichtet 1863–65), eine weitere war aus dem Süden, vom Quellgebiet der Seine, in Planung (Aqueduc de la Vanne, 156 km, errichtet 1866–74).

Die 95 Kilometer lange Wiener Hochquellenleitung, die Wasser im freien Gefälle aus dem alpinen Gebiet in die Großstadt transportieren sollte, war – so gesehen – ein kleiner Bruder dieser Mammutprojekte. Wenngleich: Für Wiener Verhältnisse stellte das durch Anleihen finanzierte Kommunalprojekt eine neue Dimension dar. Mit 17 Millionen Gulden (heute rund 221 Millionen Euro) sollte es letztlich das teuerste Infrastrukturprojekt der liberalen Ära werden.

Aber noch war es nicht so weit. Im Dezember 1868 wurde Cajetan Felder zum Bürgermeister von Wien gewählt, was die

Die Quellen für die geplante Wasserleitung, 1873

stringente Durchführung des Projektes erheblich erleichterte. Gleich im Folgejahr erhielt der Londoner Bauunternehmer Antonio Gabrielli den Zuschlag für die Errichtung der Wasserleitung. Nach schwierigen Grunderwerbsverhandlungen – für die Leitung durch Niederösterreich musste ein rund dreißig Meter breiter Landstreifen erworben werden – konnte noch vor Jahresende mit den ersten Arbeiten begonnen werden. Am 7. Dezember 1869 erfolgte unweit von Kaiserbrunn der Startschuss für das Großunternehmen, wie die *Morgen-Post* berichtete: „Drei Steinbrecher, die aus Italien als Vorläufer der bestellten Arbeiter-Kolonie angekommen sind, begannen die Bohrung eines Sprengloches, während die erste Handanlegung an die Ausführung der Wasserleitung durch Böllerschüsse von den Bergen begrüßt wurde. Gegen zwölf Uhr war die Bohrung zu Ende, wenige Minuten später ward die Mine entladen, abermals Böllerschüsse."

Hunderte Arbeiter waren schon bald im Quellgebiet und entlang der projektierten Trasse tätig und verwandelten diese in eine Großbaustelle. Von Waldeinsamkeit merkte man, so der Zeitungsredakteur etwas bedauernd, jetzt nichts mehr.

Einige Monate später gab es dann aber noch einen offiziellen Akt. Am 21. April 1870 besichtigte Kaiser Franz Joseph persönlich die Baustelle und nahm den offiziellen Spatenstich vor. Anton Langer, beliebter Schriftsteller und Journalist, schrieb dazu eine pathetische Hymne, die den edlen Zweck des Unternehmens nochmals ins Gedächtnis rief: „Der erste Spatenstich zum großen Werke, / Er ist gethan, nicht lange wird es dauern, / Und mit dem Wasser zieht Gesundheit, Stärke / Hoch vom Gebirge ein in uns're Mauern." Auch der Name des Bauwerks wurde nunmehr festgelegt: Er sollte fortan „Kaiser-Franz-Joseph-Hochquellenleitung" lauten. Eine weitere Wertschätzung und Nobilitierung von allerhöchster Stelle.

Die Arbeiten gingen zügig voran. Allein im Höllental waren von den niederösterreichischen und steirischen Bergknappen, unterstützt von Mineuren aus Südtirol, elf Kilometer Stollen zu bauen. Man arbeitete ohne maschinelle Bohrung, gesprengt wurde mit Dynamit. Die Quellfassungen der beiden mächtigen Hauptwasserlieferanten, der Kaiserbrunnquelle im Höllental und der Stixensteinquelle bei Sieding, wurden errichtet, der Hauptleitungskanal entlang der Schwarza und dann weiter Richtung Norden nach Wien in Angriff genommen. Es sollte eine reine Gravitationsleitung werden, die von 512 Meter Seehöhe auf 245 Meter beim Ziel, dem Reservoir am Rosenhügel, abfiel. In den folgenden drei Jahren wurden unzählige kleinere und größere Stollen sowie gemauerte und überwölbte Kanäle errichtet (diese lagen im Regelfall 1,9 Meter unter der Erdoberfläche und wiesen eine Breite von bis zu maximal 1,6 Metern und eine Höhe von bis zu maximal 1,9 Metern auf). Im Abstand von zwei Kilometern entstanden Einstiegstürme für Kontrollbegehungen; mit insgesamt dreißig Aquädukten und sonstigen Talquerungen überwand man allfällige Höhenunterschiede. Letztgenannte Bauten waren die spektakulärsten und nach außen hin sichtbarsten Zeichen der Wasserleitung, insbesondere die drei längsten Aquädukte bei Leobersdorf (1.065 Meter), Baden (788 Meter) und Liesing (794 Meter). Endpunkt war am Rosenhügel, wo der erste – höchstgelegene – Wasserbehälter mit einem Fassungsvermögen von 2.300 Kubikmetern entstand, von dem aus zwei weitere, tiefer gelegene auf der Schmelz (10.600 Kubikmeter) und am Wienerberg (4.700 Kubikmeter) bedient wurden. Von diesen drei Reservoirs sollte sodann das frische Hochquellwasser, das nur 24 Stunden bis nach Wien brauchte, über die ganze Stadt verteilt werden. Bau und Erweiterung des intraurbanen Rohrnetzes waren zeitgleich mit der Hauptleitung begonnen worden, wobei teilweise auf das Netz der Kaiser-Ferdinands-Wasserleitung zurückgegriffen wurde.

Oben links: Die Bauarbeiten am Kaiserbrunnen, Foto: Michael Frankenstein, um 1870; oben rechts und unten links: Stollenbau im Höllental, Foto: Mathias Weingartshofer, um 1870; unten rechts: Bau des Aquädukts in Baden, Foto: Dr. Hermann Heid, um 1870

Oben links bis unten links: Bau des Aquädukts in Mödling, um 1870; unten rechts: Bau des Aquädukts in Liesing, um 1870

Oben links: Bau des Aquädukts in Mauer, Foto: Dr. Hermann Heid, um 1870; oben rechts: Bau des Behälters Rosenhügel, um 1870
Unten links: Bau des Behälters Wienerberg, um 1870; unten rechts: Bau des Behälters Schmelz, um 1870

Mehrere Fotografen dokumentierten den Baufortschritt entlang der Strecke, darunter Michael Frankenstein, Mathias Weingartshofer und Dr. Hermann Heid. Letzterer war ein renommierter Architekturfotograf, der bereits die Wiener Ringstraßenbauten und die Semmeringbahn in zahlreichen Bildern festgehalten hatte. Eine umfassende und lückenlose fotografische Dokumentation scheint jedoch im Falle der Wasserleitung nicht durchgeführt worden zu sein. Erhalten sind lediglich Bauansichten des Quellbereichs sowie einzelner Aquädukte und Wasserbehälter.

Im Jahr 1873, Ende August, war es so weit. Erstmals wurde die Leitung geflutet und das Wasser von den Bergen direkt in den Behälter Rosenhügel geleitet. Mit Erfolg, wie die *Presse* ihren Lesern berichtete: „Das Wasser vom Kaiserbrunnen und aus der Stixensteiner Quelle ist da, der klarflüssige, eiskalte Krystall aus dem Innern des uns so nahegerückten Alpenriesen, des Schneebergs, der mit seinem steil erhobenen Felsenhaupt fast bis an das Weichbild unserer Stadt blickt, ist nun bis zu uns gekommen und harrt draußen vor den Thoren des Moments, um in unsere Straßen, in unsere Brunnen und Bassins, in unsere Häuser und Wohnungen zu dringen." Und über das Gesamtprojekt hieß es euphorisch: „Ein Werk, jenen Bauten der Römer gleich und wol auch überlegen [...] ist in unserer nächsten Nähe, unter unseren Augen und durch die Hände von Zeitgenossen geschaffen worden. [...] Von der Südbahn aus sieht man zwischen Hetzendorf und Atzgersdorf auf der Höhe das große Reservoir, von dem aus ganz Wien mit Wasser gespeist werden wird, ein ganz eigenthümlicher Bau [...]. Er sieht wie ein Tumulus aus, wie ein Grabhügel, der einem Helden der Vorzeit aufgeschüttet worden ist."

Es ist die Sprache der heldenhaften Verehrung, der vergleichenden und dabei weit in die Vergangenheit zurückblickenden Lobpreisung, die hier und auch später noch in unzähligen Beschreibungen bemüht wird. Und die mit die Grundlage legen wird für die künftige Rezeption der Wasserleitung als einzigartiges, beinahe übermenschliches Bauwerk.

ZUR ERÖFFNUNG EIN HOCHSTRAHLBRUNNEN

Für die offizielle Inbetriebnahme war ein Hochstrahlbrunnen vorgesehen, der – von Antonio Gabrielli aus eigener Tasche bezuschusst – durch den Bauunternehmer Gustav Bruck errichtet werden sollte. An einem repräsentativen Standort, möglichst nahe am Stadtzentrum, mit dem Potenzial zur „Zierde der Residenzstadt" zu werden. Man schwankte zwischen dem Praterstern, dem Freiraum vor der im Bau befindlichen Votivkirche oder dem Platz vor dem Palais Schwarzenberg.

Es wurde der Schwarzenbergplatz, wo schließlich am 24. Oktober 1873 die große Eröffnungsfeier stattfand. Erneut sparte man in Reden und Inszenierung keineswegs mit Pathos. Eine gewaltige Menschenmenge hatte sich versammelt und wartete auf das „neue Wasser", allen voran Kaiser Franz Joseph, Bürgermeister Cajetan Felder und Eduard Sueß. Sie alle blickten auf den Brunnen, aus dem in Kürze eine Wasserfontäne in den Himmel schießen sollte. Und als sie dies, nach einigen Fehlversuchen, dann auch tat, ging ein Raunen durch die Menge und lautstarker Jubel ertönte. Das *Illustrirte Wiener Extrablatt* vermerkte ergeben: „Eine einzige kolossale Wasserlinie strebt senkrecht nach Aufwärts, wo sie erst in einer Höhe von 184 Fuß, dreimal so hoch als die höchsten Häuser der Umgebung, sich theilt und in einer Reihe von Wasserfällen in das Bassin sich ergießt. [...] Von den die Wassersäule bescheinenden Sonnenstrahlen hervorgerufen, bildet sich ein Regenbogen, der neuerdings den Beifall des Publikums wachruft."

Die Menschen waren tief ergriffen, auch Eduard Sueß, der in seinen Erinnerungen festhielt: „Ein vieltausendstimmiger Ruf

Eröffnungsfeier am Schwarzenbergplatz, 24. Oktober 1873

Illustration auf dem Titelblatt der Satirezeitschrift Kikeriki, 4.10.1873

des Staunens füllte den weiten Raum. Mir schnürte sich die Kehle zusammen.“ Beeindruckt waren auch die zahlreich anwesenden Journalisten, die in ihren Zeitungen ausführlich über das Großereignis berichteten, und natürlich der Kaiser, der bewundernd festhielt, dass dies das größte Werk sei, dass die Kommune Wiens jemals zustande gebracht habe. Gebührend wurde der Festakt dann sogleich auf zahlreichen Bildern verewigt, mit dem Brunnen als Star, umrahmt von den Ehrengästen und der jubelnden Menge.

Die Feierlichkeiten gingen bis in den Abend hinein. Im Kursalon fand ein Festbankett statt, an dem rund dreihundert Gäste teilnahmen. Ein Festessen wurde aufgetischt, und erneut wurden Reden gehalten, Dankesworte gesprochen und Orden verliehen, an Cajetan Felder, die Oberingenieure Carl Junker und Carl Mihatsch, nicht jedoch an Eduard Sueß, der schon im Vorfeld jede Auszeichnung abgelehnt hatte. Dessen ungeachtet konnte man ihn und Felder mit Recht als die eigentlichen Väter des Projekts bezeichnen. Ihr fachlicher und politischer Einfluss, gepaart mit vehementer Überzeugungskraft, hatte letztlich entscheidend zum Erfolg beigetragen.

Von der gelungenen Eröffnung berauscht, blickte man im Kursalon optimistisch in die Zukunft und versicherte einander, dass Wien zwei herausragende neue Sehenswürdigkeiten erhalten habe. Einerseits den monumentalen Brunnen, andererseits, und viel mehr noch, das Wasser, wie Innenminister Josef Freiherr Lasser von Zollheim in seiner Rede hervorhob: „Das Wasser Wiens gehört fortan zu den Merkwürdigkeiten der Stadt, und wer, wie ich, heute so glücklich war, Zeuge des Schauspiels zu sein […], der wird es begreiflich finden, wenn der Fremde künftighin sagt: Das Wiener Wasser allein ist eine Reise nach dieser Stadt werth.“

Auch die Wasserleitung selbst wurde immer mehr mit dem Image des Besonderen versehen. Dies hatte nicht nur mit ihrer technischen und architektonischen Eigenart zu tun, auch die erfolgreiche Einbindung der kaiserlichen Agenden spielte hierbei eine Rolle und – auf der rein sprachlichen Ebene – das von Beginn an strategisch klug verwendete Wort „Hochquelle". Dieses rief per se überaus positive Assoziationen und hohe gesundheitsfördernde Erwartungen hervor. Nicht zufällig wurde unmittelbar nach der Eröffnung ein Lobgedicht publiziert, das den Titel „Hochquell" trug und folgendermaßen begann: „Auf springt der Quell, genährt aus Alpenbrüsten, / Dich zu erquicken, mein geliebtes Wien, [...] Sei er als Quell des Segens dir beschieden! / Und wie er aufsteigt zu des Himmels Rund, / so steig auch du in Kraft und klarem Frieden / Stets aufwärts, einig, mächtig und gesund!"

Die beim Festakt regelrecht inflationäre Verwendung des Wortes „Hoch-" blieb auch zeitgenössischen Kritikern nicht verborgen. In der humoristischen Zeitschrift *Figaro* machte man sich darüber lustig und karikierte eine Tischrede am „Hochschwallen-Bankett": „Sie sehen jetzt den höchsten Hochstrahlbrunnen und wir wollen höchstdemselben, der uns allergnädigst mit seinem erhabenen Hochquellenwasser zu überstrahlen geruht, in allertiefster Ehrfurcht ersterbend, ein tiefunterthänigstes Hoch! ausbringen!"

Die hoch aufschießende Fontäne des Brunnens war zum dankbaren Sujet in Karikaturen und Satirezeitschriften geworden. Und zu einer bald allseits bekannten Novität in Wien. So bekannt, dass Lokale und Gaststätten am Schwarzenbergplatz bei ihren Werbeinseraten als Ortsangabe „vis-à-vis dem Hochstrahlbrunnen" oder „n. d. Hochstrahlbrunnen" hinzufügten. Internationale Reisezeitungen reihten ihn ein in die Liste der zu besuchenden Wiener Sehenswürdigkeiten, und auch an musikalischen Referenzen fehlte es nicht. Der Komponist Johann Nepomuk Král widmete dem Hochstrahlbrunnen eine gleichnamige Schnellpolka für Pianoforte (op. 44), Josef Kaulich komponierte den Walzer „Hochquellen" für Pianoforte (op. 132).

Quellfassung in Kaiserbrunn, Aquarell von Rudolf von Alt, 1873

Alles in allem hatte das bislang recht schwierige Jahr 1873 endlich einen würdigen Höhepunkt gefunden. Denn der Börsencrash, der Ausbruch der Cholera und, damit zusammenhängend, die schlecht besuchte Weltausstellung hatten für beträchtliche Krisenstimmung gesorgt. Mit der – wie es schien – vorbildlich vollendeten Hochquellenleitung konnte man endlich im In- wie im Ausland punkten. Die publizistische und künstlerische Vermarktung des Großprojekts wurde denn auch konsequent vorangetrieben.

In den nächsten Monaten veröffentlichte etwa das populäre *Illustrirte Wiener Extrablatt* gleich sechs Titelseitenberichte. Der Magistratsbeamte Rudolf Stadler publizierte eine detailreiche „Denk-

Von links oben nach rechts unten: Quellfassung in Stixenstein; Aquädukte von Leobersdorf und Liesing; Reservoir am Rosenhügel: Aquarelle von Rudolf von Alt, 1873/1883

schrift zur Eröffnung der Hochquellen-Wasserleitung im Jahre 1873". Diese sollte, wie er im Vorwort betonte, dem „Wunsche nach einer wahrheitsgetreuen und unparteiischen Schilderung aller einschlägigen Verhältnisse und Vorkommnisse" entsprechen und der Tatsache Rechnung tragen, dass die Frage der Wasserversorgung in allen Teilen der Bevölkerung so intensiv besprochen wurde. Zudem war das umfangreiche Werk natürlich bereits der erste Schritt zu einer Historisierung und publizistischen „Denkmalsetzung" dieses Megaprojektes.

Der 61-jährige Maler Rudolf von Alt, bekannt als Schöpfer unzähliger Wien-Ansichten (allein den Stephansdom stellte er über hundert Mal dar), schuf eine Bildserie mit den Hauptattraktionen der Wasserleitung: den Quellfassungen in Kaiserbrunn und Stixenstein, den Aquädukten von Leobersdorf und Liesing, dem Reservoir am Rosenhügel. Gekonnt in Szene gesetzte Architektur, eingebettet in idyllische Natur. Landschaft und Architektur gleichermaßen zu ihrem Recht kommen zu lassen, das versuchte auch sein jüngerer Bruder Franz Alt, der ein großformatiges Panorama der gesamten Strecke vom Schneeberg bis nach Wien malte. Ein perspektivisch überaus schwieriges Unterfangen, mit dessen Lösung der Künstler nachträglich nicht wirklich zufrieden war, wie er in einem Brief an seine Schwester gestand (vgl. Abb. S. 10).

Auch die ausländische Presse berichtete voller Staunen und Begeisterung. So hieß es in der *Leipziger Illustrirten Zeitung*: „Diese merkwürdige Schöpfung, die in ihrer kühnen und großartigen Anlage die so vielgepriesenen Aquädukte der alten Römer weit überragt, ist das herrlichste Denkmal bürgerlichen Gemeinsinns und zugleich ein Triumph der modernen technischen Wissenschaft." Und in der vielgelesenen deutschen Zeitschrift *Ueber Land und Meer* prophezeite man: „Die wiener Wasserleitung wird stets als ein eh-

Die Quellwasserleitung Wiens, aus: Ueber Land und Meer, Nr. 21/1874

Illustration aus: Kikeriki, 16.11.1873

Illustration aus: Kikeriki, 10.6.1875

rendes Zeugniß der Wissenschaft und der Technik unserer Zeit bestehen und zudem noch dem Bürgersinn einer Großstadt zur Ehre in aller Zukunft gereichen." Zwar hätte es gemäß zahlreicher Vorstudien nicht an anderen Möglichkeiten zur Wassergewinnung gefehlt, „aber man wollte zur Gesundheit der Einwohner das Allerbeste, und das Allerbeste war das Theuerste, das Entfernteste, das Schwierigste". Eine ganzseitige Illustration verdeutlichte die konkrete Ausgestaltung des Projekts. Man zeigte Quellfassungen, eine Rohrleitung, ein Aquädukt und ein Reservoir. Besonders erwähnenswert schien schließlich, dass man Quellfassungen als „Wasserschlösser" bezeichnete: „Die Quellenfassung und Regelung an deren Ursprung geschah mittelst sogenannter ‚Wasserschlösser', Quadernbauten und Wölbungen der imposanten Art, denen auch architektonische Schönheit nicht mangelt." Die Architektur der Wasserleitung und ihre Einfügung in die Landschaft wurde somit früh als ästhetische Pioniertat gepriesen.

FREUD UND LEID

Die Euphorie währte nur kurz. Schon im ersten Winter gab es eine beträchtliche Wasserknappheit. Die Schüttungscharakteristik der Karstquellen, deren Ergiebigkeit vor allem in den Wintermonaten deutlich zurückging, war unterschätzt worden. Die ursprünglich erwarteten mindestens 65.000 Kubikmeter pro Tag wurden zwar im Jahresschnitt, nicht jedoch in den Wintermonaten erreicht. Die von den Entscheidungsträgern gehegte Hoffnung, durch die Hochquellenleitung fortan „eine vollkommen ausreichende Wassermenge" für die Stadt zu haben, stellte sich zunehmend als unrealistisch heraus.

Auch in den folgenden Jahren kam es im Winter immer wieder zu Wassermangel. Zudem kamen des Öfteren Rohrbrüche und

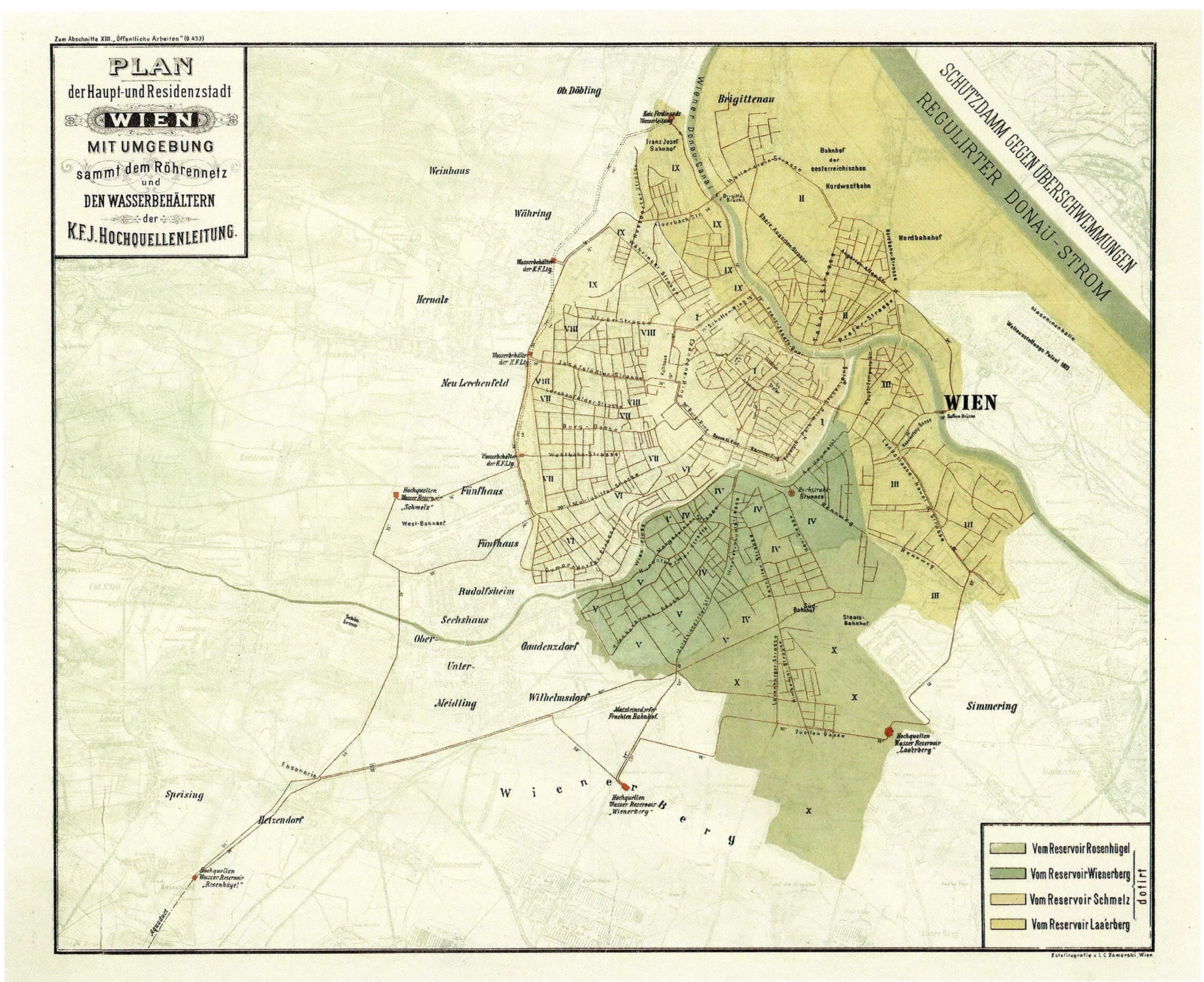

Rohrnetz und Versorgungsgebiete, 1876

Brunnen im Allgemeinen Krankenhaus, errichtet 1875

andere technische Gebrechen vor. Kritiker, unter ihnen Ingenieure wie Vinzenz Onderka, befürchteten, dass der Bau „eine ziemlich verfehlte Spekulazion“ werden könnte und noch viele Jahre vergehen würden, ehe das gesamte System wirklich gut funktioniere. Die Satirezeitschrift *Kikeriki* sprach schon ironisch von einer „Hochqualenleitung“ und veröffentlichte eine Karikatur der „Neuen Vindobona“ mit einem löchrigen Wasserschaff als Krone, aus der sich unzählige Strahlen ergießen.

Das mehr als deutliche Symbol für all diese Probleme war der vielgepriesene Hochstrahlbrunnen am Schwarzenbergplatz, der regelmäßig versiegte. Nicht nur im *Figaro* mokierte man sich im April 1877: „Wir wollen uns jetzt durch nichts in unserem Jubel stören lassen – in unserem rein menschlichen Jubel darüber, daß nach halbjähriger Pause – der Hochstrahlbrunnen auf dem Schwarzenbergplatz wieder springt!“ Im neu errichteten Rathauspark, wo Anton Gabrielli einen der beiden Brunnen mitfinanziert hatte, fehlte ebenfalls das Wasser zum Betrieb.

Auch international wuchs die Kritik. Die Hochquellenleitung erhielt den Nimbus einer teuren Fehlplanung, eines riskanten Luxusprojektes, so der deutsche Experte Friedrich Hack, das sich letztlich nur große und reiche Städte in „Gebirgsgegenden“ leisten konnten.

Die Wiener Stadtverwaltung musste reagieren. Rationierungsmaßnahmen wurden erlassen und die veraltete Kaiser-Ferdinands-Wasserleitung vorübergehend wieder in Betrieb genommen. Der konsequente weitere Ausbau der Hochquellenleitung schien unumgänglich. Schon 1874 war ein zusätzlicher Wasserbehälter am Laaerberg errichtet worden mit einem Fassungsvermögen von 11.000 Kubikmetern, im niederösterreichischen Pottschach errichtete man 1878 zur Verstärkung der Wasserzufuhr ein Grundwasserpumpwerk. Wichtigstes Fernziel aber musste sein, möglichst rasch neue Quellen zu erschließen.

Zudem zeigte sich: Der Wasserverbrauch war mit dem Ausbau des Rohrnetzes und der weiteren Zunahme der Bevölkerung deutlich gestiegen. Immerhin konnten 1877 bereits zwei Drittel aller Wiener Häuser, die Vororte ausgenommen, mit Hochquellwasser versorgt werden. Unverzüglich so viele Häuser wie möglich anzuschließen war ja durchaus erwünscht gewesen. Einerseits aus finanziellen Gründen: Die Einnahmen aus der künftig zu entrichtenden Wassergebühr sollten mithelfen, die horrenden Gesamtkosten zu kompensieren. Wobei es eine Staffelung gab, d. h. eine niedrigere Gebühr für den „normalen" Haushaltsbedarf und eine etwa doppelt so hohe Gebühr für den industriellen Bedarf. Um die Zahl der Abnehmer zu erhöhen, schrieb die Bauordnung von 1883 erstmals die Einleitung von Hochquellwasser für Neu- und Umbauten vor, sofern eine Anschlussmöglichkeit vorhanden war.

Andererseits waren natürlich auch gesundheitliche und soziale Gründe maßgebend. Schon Eduard Sueß hatte bei der Verteidigung seines Projekts immer wieder betont, dass das Wasser aufgrund des hohen Druckes von selbst bis in die obersten Stockwerke transportiert werde, was auch deshalb erwünscht sei, weil hier „die weniger bemittelten Personen wohnen, welchen die Bezahlung der Menschenkraft zum Hinaufschleppen des Wassers verhältnismäßig am schwersten fällt". Die positiven sanitären Auswirkungen für die Stadt zeigten sich übrigens relativ rasch und eindeutig. Große Cholera-Epidemien wurden nach Eröffnung der Wasserleitung keine mehr verzeichnet und auch die Typhus-Sterblichkeit sank drastisch.

Aus medizinischer Sicht war die Wasserleitung jedenfalls ein Erfolg. Wenn auch die Quantität schwankte, die herausragende Qualität des Wassers blieb unbestritten. Im Jahr 1875 wurde daher im Hof des Allgemeinen Krankenhauses ein – heute noch bestehender – Zier- und Gedenkbrunnen errichtet. Er sollte an den Anschluss des Krankenhauses an die Hochquellenleitung in Erinnerung rufen und die damit verbundene segensreiche Wirkung für alle Insassen.

Eine Würdigungsschrift mit dem Titel „Der Bau der Wiener Kaiser Franz Josefs-Hochquellen-Wasserleitung", 1881 im Verlag Hölder erschienen, rückte nochmals die gewaltige technische Dimension des Projektes ins Bewusstsein. Verfasser war Oberingenieur Carl Mihatsch, der als Vertreter der Stadt Wien für die Planung verantwortlich gewesen war. Huldvoll stellte er gleich im Vorwort die seiner Meinung nach europa-, ja weltweite Bedeutung klar: „Die Kaiser Franz Josefs-Hochquellen-Wasserleitung ist das grossartigste Bauwerk, welches die Commune Wien bisher zur Ausführung brachte, und kann in jeder Hinsicht auf einen hervorragenden Platz unter jenen grossen Bauwerken Anspruch machen, die für gleichartige Zwecke in Europa bestehen. [...] Die Bewohner Wien's haben nun für alle Bedürfnisse ein Wasser von so vorzüglicher Güte zur Verfügung, wie dies in keiner Grossstadt der Welt der Fall ist."

AUSBAU UND WEITERE POPULARISIERUNG

In den Jahren 1887 bis 1900 gelangten wesentliche Erweiterungen der Wasserleitung zur Ausführung. Mehrere ergiebige Quellen oberhalb von Kaiserbrunn und im Höllental wurden miteinbezogen. An letztere erinnert noch heute ein Gedenkstein direkt neben der Straße am Beginn des Großen Höllentals. Es folgte die Einleitung der Fuchspassquelle und der Erwerb der Sieben Quellen im Karlgraben in Neuberg an der Mürz. Diese mächtigen Wasserlieferanten waren als Reserven für die fernere Zukunft vorgesehen.

Allmählich stellte sich ein nachhaltiger Erfolg ein: 1888 wurden bereits neunzig Prozent der Wiener Häuser mit Hochquellwasser versorgt. Und der technische Ausbau ging weiter, wenngleich

Gedenkstein für die Erschließung der Quellen im Großen Höllental, um 1900

Ansichtskarte, um 1900

mit wechselndem Erfolg. Denn als man Anfang der 1890er-Jahre über ein Schöpfwerk auch das Wasser der Schwarza in die Leitung speiste, machte sich dies in einer deutlichen Trübung bemerkbar. Im Volksmund sprach man sogleich von der berüchtigten „Schwarza-Melange", die es nun zu trinken gebe, und auch die Witzblätter griffen das Thema dankbar auf. Quellwasser mit dem Wasser von Oberflächengerinnen zu vermischen, egal ob aus der Schwarza oder aus der Donau, sei, so ein Kritiker, keine gute Idee. Die Einleitung von Schwarza-Wasser wurde denn auch bald wieder gestoppt, musste allerdings später wegen anhaltenden Wassermangels nochmals kurzfristig reaktiviert werden.

Im Jahr 1896 wurde das Wasserhebewerk Breitensee in Betrieb genommen; und im August 1899 schließlich jenes am Wienerberg, zu dem auch ein mächtiger Wasserturm gehörte. Der Speicherbehälter mit einem Fassungsvermögen von tausend Kubikmetern sollte fortan die höher gelegenen Teile von Favoriten und Meidling, für die der Druck aus dem Reservoir Wienerberg nicht ausreichte, mit frischem Trinkwasser versorgen. Entworfen von Franz Borkowitz, avancierte der Turm mit einer Gesamthöhe von 67 Metern zu einer architektonisch-technischen Sehenswürdigkeit, wie der Oesterreiche Ingenieur- und Architekten-Verein festhielt: „Nächst dem allbekannten Wiener Wahrzeichen ‚Spinnerin am Kreuz', und zwar rückwärts des daselbst bestehenden Wasserbehälters am Wienerberge, wurde in jüngster Zeit ein maschinelles Werk geschaffen, auf welches die Aufmerksamkeit schon aus weiter Ferne durch ein mächtig emporstrebendes Gebäude gelenkt wird. Es ist das neue städtische Schöpfwerk mit seinem Wasserthurm." (Die Anlagen waren bis zum Jahr 1910 in Betrieb; mit der II. Wiener Hochquellenleitung verloren sie ihre Bedeutung; 1956 wurde der Turm endgültig stillgelegt. Heute dient er als Ort für Kulturveranstaltungen.)

Ansichtskarten, um 1910

Propagandist des Hochquellwassers: Peter Altenberg, um 1900

Die signifikantesten Bauten der Wasserleitung erreichten auch bildmäßig einen immer größeren Bekanntheitsgrad. Sie wurden zu Motiven auf Ansichtskarten, die um die Jahrhundertwende zu einem boomenden Massenmedium geworden waren. Das meistreproduzierte Bild war dabei der Beginn der Hochquellenleitung: das Wasserschloss in Kaiserbrunn. Schon früher war dieser Ort ein vielbesuchtes Ausflugsziel gewesen, jetzt wurde er noch populärer und in unzähligen Varianten auf Ansichtskarten reproduziert. Aber auch die riesigen Aquädukte von Leobersdorf, Liesing und Mödling wurden postkartenwürdige Sehenswürdigkeiten. Und selbst das Aquädukt über der noblen Kurstadt Baden, bei dessen Errichtung es große Befürchtungen wegen einer Verunstaltung des Stadtbildes gegeben hatte, war mittlerweile zum Stolz der Kommune und vielfach abgebildeten Monument geworden.

Im Stadtgebiet von Wien entwickelte sich der schon erwähnte Wasserturm zum Wahrzeichen von Favoriten, und weiter stadteinwärts erlebte der Hochstrahlbrunnen, der in den Jahren davor regelrecht ausgetrocknet war, eine zweite Blüte. Er wurde nach Plänen des Architekten Oskar Marmorek zu einem Leuchtbrunnen („Fontaine lumineuse") umgestaltet und stellte damit eine vielbewunderte nächtliche Sensation dar. Bei seiner Eröffnung im Juni 1906 erstrahlten die Hauptfontäne und ihre Nebenstrahlen in allen Farben des Regenbogens. Ein elektrisch betriebenes Hebelwerk schob abwechselnd bunte Glasscheiben vor die insgesamt 27 Scheinwerfer. Das zahlreich anwesende Publikum war begeistert, wie die *Neue Freie Presse* berichtete: „Es gab heute Liebhaber der blutroten Beleuchtung, die dem Beschauer ein züngelndes Flammenmeer vorzauberte, dann wieder milde Schwärmer, die dem lieblichen Blau den Vorzug gaben, und wieder andere, die sich für die keusche Reinheit des majestätischen Silberweiß entschieden. Jeder Farbwechsel wurde mit lebhaften ‚Ah'- und ‚Oh'-Rufen des Entzückens angenommen, alles war freudig angeregt und zufrieden."

Der weitere Betrieb der Anlage war allerdings aus Kosten- und Witterungsgründen nur zeitlich befristet vorgesehen, und zwar für die Monate April bis Oktober an Dienstagen, Donnerstagen sowie Sonn- und Feiertagen für jeweils zwei Stunden. Nichtsdestoweniger hatte Wien damit eine technische Innovation und absolute Neuigkeit erhalten, die sich sogleich auf Bildern jeder Art verbreitete und den Brunnen und das darin sprudelnde Hochquellwasser wieder positiv ins Bewusstsein der Bevölkerung rief.

Seine überragende Trinkqualität war ja mittlerweile bestens bekannt. Einer, der dies lautstark propagierte, war der Schriftsteller Peter Altenberg, Gesundheitsfanatiker und unermüdlicher Verfechter einer naturnahen Lebensweise. Er war zum persönlichen

Zeitzeugen geworden, konnte sich noch gut an seine Kindheitstage in den 1860er-Jahren erinnern, als er mit seinen Eltern oft zur Sommerfrische in Reichenau weilte. Mehrmals in der Woche fuhr man damals ins Höllental zum Kaiserbrunnen und fischte dort mit einer langstieligen Blechkanne „aus dunkler Grottenkälte" das wohltuende Nass. Das sich nun, ein paar Jahrzehnte später, so Altenberg, in ganz Wien verbreite: „Und dieses märchenhafte Wasser [...] rinnt uns nun von selbst in die Häuser der Großstadt". Der Dichter lobte und pries es aus voller Überzeugung, sprach von „wirklich adeligem Wasser" und verfasste sogar so etwas wie einen frühen Werbespruch: „Ambrosia – – – rohe Eidotter, in Hühner-Bouillon gesprudelt. Nektar – – – Kaiserbrunn-Hochquellen-Wasser." Altenbergs Stimme wurde gehört, seine literarischen „Extracte des Lebens" wurden gerne gelesen, insbesondere in gehobenen bürgerlichen Kreisen und künstlerischen Zirkeln, und dort konnte er auch gezielt den wohlgemeinten Rat platzieren: „Trachte, Irregeleiteter, dass ein Trunk Hochquellenwasserleitung, aus dem Schneeberg-Herzen, Kaiserbrunn im Höllentale, dich *mehr* beselige, als alle Pommery und Roederer der Welt."

Das Hochquellwasser hatte Einzug gehalten in Restaurants und Gaststätten und auf den Straßen und Plätzen der Stadt. Hier boten mittlerweile zahlreiche ambulante Händler „Hochquellen Soda-Wasser" zum Verkauf an, pur oder angereichert mit dem Geschmack von Himbeer oder Zitrone. Hergestellt wurde dieses Sodawasser in Fabriken, die seit den 1880er-Jahren in Wien in größerer Zahl gegründet worden waren. Eine von ihnen war die Firma E. Trojan, die in Wien-Mariahilf ihre Produktionsstätte hatte. Auf ihren Werbeplakaten setzte sie das Hochquellen-Sujet gekonnt in Szene, in Zeitungsinseraten wurde das Wasser vollmundig als „das Gesündeste" bezeichnet. Andere Hersteller empfahlen das Hochquellen-Sodawasser auch zum Wäschewaschen. Der tägliche Ge-

Werbeplakat, 1895

Sodawasserverkäufer, Foto: Emanuel Wähner, um 1881

brauch, so versprachen sie, mache die Haut „zart und fein". Zudem wies man darauf hin, dass es durch seinen großen Gehalt an Kohlensäure sogar „den Cholera-Bacillus tödtet".

Das einzige Problem stellte die nach wie vor nicht ausreichende Menge an Hochquellwasser dar, obwohl das täglich gelieferte Quantum bereits beachtliche 110.000 Kubikmeter betrug. Doch die Stadt war durch Zuwanderung und Eingemeindung der Vororte enorm gewachsen und erreichte schon bald eine Einwohnerzahl von zwei Millionen. Dort, wo das Rohrnetz noch nicht ausgebaut war, etwa in den neuen Bezirken jenseits der Donau, behalf man sich als Notlösung auf althergebrachte Weise mit riesigen Wasserwägen, die das kostbare Nass in Fässern verteilten.

Wohlweislich hatte die Wiener Stadtregierung mit der raschen Erweiterung des städtischen Rohrnetzes, vor allem aber mit der Planung einer zweiten Hochquellenleitung begonnen, die dann auch nach zehnjähriger (!) Bauzeit im Dezember 1910 eröffnet wurde. Auch diese war eine Gebirgsleitung, diesmal aus dem Hochschwabgebiet, und sie bewies erneut, dass die Grundidee, Wasser aus den Alpen nach Wien zu leiten, die richtige war. Die Kapazität dieser zweiten Leitung, mit täglich rund 180.000 Kubikmetern Wasser, brachte eine gewaltige Verbesserung der Versorgungslage. Erstmals herrschte in Wien keine Wasserknappheit mehr. Zusammen mit dem ebenfalls fortgeschrittenen Ausbau des Kanalnetzes hatte die Metropole diesmal wirklich einen entscheidenden Schritt zur modernen, hygienischen und gesunden Großstadt getan.

Die urbanen Wasserentnahmestellen entwickelten sich zu sozialen Treffpunkten mit Gütesiegel, im privaten genauso wie im öffentlichen Bereich. Einerseits die berühmte Bassena, die in den Wohnhäusern auf jedem Stock implementiert wurde, andererseits die steigende Zahl an öffentlichen Trinkbrunnen, die im internationalen Vergleich zum Gradmesser für den Stand des zivilisatorischen Fortschritts avancierten. Wien schnitt dabei exzellent ab, ganz im Gegensatz etwa zur Riesenmetropole London, wie ein weitgereister Journalist bemerkte: „In Berlin und Wien, in Paris und Rom, in Brüssel und Florenz kann man sich vielfach an unentgeltlichem Brunnenwasser erlaben; in London, der ‚Königin der Städte', hat man nur wenige öffentliche Trinkquellen. Ist das nicht ein Scandal?" Vor allem in der heißen Jahreszeit würden sich derartige Mängel sehr unangenehm bemerkbar machen.

Gerne erinnerte man sich in Wien nunmehr auch wieder an Eduard Sueß, der 1911 achtzig Jahre alt geworden war. Zum Ehrenbürger ernannt, war er für viele derjenige, dem man eigentlich das Hochquellwasser verdankte. Das öffentliche Bild zeichnete ihn nach wie vor als „kühnen Rutengänger, Quellsucher und Brunnenbeschwörer", wie der Schriftsteller Hans Müller-Einigen formulierte. Etwas vornehmer resümierte Kaiser Franz Joseph in einem persönlichen Handschreiben, in dem es hieß: „Für die Reichshauptstadt Wien haben Sie […] ein Werk geschaffen, das ihre Bewohner jeden Tag als Wohltat empfinden." K.k. Hofballmusikdirektor Eduard Strauss komponierte als Geburtstagsgeschenk eine Polka-Mazur für Pianoforte. Sie trug den Namen „Die Hochquelle" und zeigte einen sprudelnden Brunnen und das gebändigte Nass auf dem Titelbild (op. 114). Sueß' Freund und „Eidgenosse" Cajetan Felder lebte ja schon lange nicht mehr. Er hatte 1878 das Bürgermeisteramt verloren und war im November 1894 achtzigjährig verstorben. Die Jahre zuvor hatte er noch eifrig an seinen Memoiren geschrieben und darin voll Stolz der gemeinsamen Pioniertat gedacht.

Die immer stärkere Hochachtung, ja bisweilen Verehrung des Wiener Hochquellwassers stieß nur bei wenigen auf Kritik. Etwa beim unerbittlichen Zeitdiagnostiker Karl Kraus, der 1911 in

Oben: Zeitungsinserat, 1882
Unten: Verteilung des Hochquellwassers in den Bezirken jenseits der Donau, 1892

Eduard Strauss, Die Hochquelle, 1911

seiner *Fackel* die voranschreitende Stereotypisierung beklagte. In einer kleinen Geschichte mit dem Titel „Was man im Traum aufsagen kann" monierte Kraus: „Wien mit seinem einzig dastehenden Hochquellwasser [...] Die Welt ist taub vom Tonfall. Ich habe die Überzeugung, daß die Ereignisse sich gar nicht mehr ereignen, sondern daß die Klischees selbsttätig fortarbeiten. [...] Die Zeit stinkt schon von der Phrase."

„IN DER GANZEN WELT GEWÜRDIGT"

Mit Beginn des Ersten Weltkriegs wurde die Hochquellenleitung durch kaiserliche Verordnung zu einem staatlich geschützten Unternehmen erklärt und die strenge Überwachung der Leitungsanlagen angeordnet. Die Bauten überstanden den Krieg unbeschadet, die zu Ende gegangene Monarchie und die ersten Jahre der Republik brachten allerdings eine neue Identität als explizites Wiener Bauwerk: Die „Kaiser-Franz-Joseph-Hochquellenleitung" wurde 1922 in „Erste Wiener Hochquellenleitung" umbenannt. Der kaiserliche Nimbus war Geschichte.

Wien war von der Metropole eines europäischen Kaiserreiches zur Hauptstadt eines republikanischen Kleinstaates geworden. Und mit der Loslösung von Niederösterreich und der Konstituierung als eigenes Bundesland begann auch für die Hochquellenleitung eine neue Ära. Sie geriet zu einem zentralen, auch symbolisch wichtigen Baustein im sich formierenden Roten Wien, dessen Selbstverständnis ganz auf Gemeinnützigkeit, auf größtmöglichen Nutzen für eine größtmögliche Zahl an Menschen, ausgerichtet war.

Rein administrativ lag sie nun nicht mehr in einem Bundesland, sondern in zwei (später sollte mit der Steiermark noch ein drittes dazukommen). Eine enge, länderübergreifende Zusammenarbeit war unumgänglich geworden, Verträge zu einer gemeinsamen Verbundwirtschaft wurden ausgearbeitet.

Da die Bevölkerungszahl Wiens nach dem Krieg beträchtlich zurückging, sank der Wasserverbrauch zunächst deutlich. Der in der Stadt vorhandene Überschuss wurde daher an die Umlandgemeinden Klosterneuburg, Schwechat und Brunn am Gebirge abgegeben. Die extrem heißen und trockenen Sommer der Jahre 1928/29 machten jedoch klar, dass – ganz im Gegenteil – der Ausbau der Wasserleitung nicht aus dem Blick zu verlieren war. In Naßwald wurde eine neue Anlage errichtet und erstmals auch ein Kraftwerk zur Erzeugung von Strom in Betrieb genommen.

Im September 1928 erhielt dann auch endlich der noch vor Ausbruch des Krieges verstorbene Eduard Sueß ein Denkmal, und zwar direkt auf dem Schwarzenbergplatz in Wien. Eine auf einem Sockel stehende Büste wurde gegenüber dem Hochstrahlbrunnen aufgestellt, an jenem historischen Ort also, an dem Sueß mehr als fünfzig Jahre davor die Hochquellenleitung eröffnet hatte. Den Entwurf lieferte der renommierte Bildhauer Franz Seifert, der im selben Jahr auch das Republikdenkmal am Schmerlingplatz schuf. Die Eröffnungsfeier war prominent besetzt, Bundespräsident Michael Hainisch, Bürgermeister Karl Seitz und zahlreiche Wissenschaftler waren gekommen und bekundeten in ihren Reden einmal mehr die Verdienste des großen Gelehrten. Auch die Inschrift auf dem Denkmal drückte dies aus, verknüpfte die Wasserleitung nunmehr für immer mit seinem Namen: „Dem Schöpfer der ersten Wiener Hochquellenleitung, errichtet von seinen Schülern, Freunden und Mitbürgern."

Der Bürgermeister betonte in seiner Ansprache vor allem die Gemeinwirtschaftlichkeit der Wasserversorgung, deren unbedingte kommunale und nicht privatwirtschaftliche Bestimmung. Die *Arbeiter-Zeitung* zitierte Seitz mit den kämpferischen Worten:

Franz Seifert mit seinem Denkmal für Eduard Sueß am Schwarzenbergplatz, 1928

„Wie hat man Sueß verlacht, als er für ganz Wien und für jeden seiner Bürger in ausreichender Menge und zu beliebigem Gebrauch Wasser beschaffen wollte! Und das zu einer Zeit, da man nur gegen schweres Geld in die Wohnungen Wasser zugetragen erhielt, zu einer Zeit, da ein Haus oder ein Grundstück, das mit eigenem guten Brunnen verbunden war, als eine starke Einkommensquelle seines Besitzers galt, kurz, in einer Zeit, in der das Wasser Privateigentum war. Heute ist die Gemeinwirtschaft in Wasser eine Selbstverständlichkeit."

Das Denkmal selbst spiegelte allerdings dieses Verdienst nur bedingt wider. Allzu klein und zu bescheiden war es von seinen Dimensionen geworden, wie manche Kritiker bemängelten. (Es sollte noch eine bewegte Geschichte haben, denn während des Zweiten Weltkriegs wurde es von den Nationalsozialisten entfernt, da Sueß jüdische Vorfahren hatte. Erst 1951 wurde es wieder aufgestellt, allerdings diesmal vor der Geologischen Bundesanstalt. Im Jahr 1969 fand schließlich die Rückführung an den ursprünglichen Standort statt, wo es sich noch heute befindet.)

Etwa zur gleichen Zeit griff die Stadt Wien auch einen anderen Gedanken von Sueß auf, nämlich die Unterschutzstellung der Quellgebiete, die er für Städte mit Gebirgsleitungen gefordert hatte. Wie dringlich dies war, zeigten heftige Debatten im Vorfeld zur Errichtung einer Seilbahn auf die Rax. Mit der zu erwartenden Zunahme des Tourismus befürchtete man in Wien eine nachhaltige Beeinträchtigung der Quellen und somit der Wasserqualität. Die gesamte Wasserversorgung der Stadt sei in Gefahr, hieß es apodiktisch. Eine große Enquete wurde einberufen, bei der zahlreiche Fachleute und Politiker über die Vereinbarkeit von Raxbahn und Hochquellenleitung diskutierten. Mit dem Ergebnis, dass zwar der ursprüngliche Plan, gemeinsam mit der Seilbahn ein riesiges Palasthotel auf dem Rax-Plateau zu errichten, gestrichen wurde, die Seilbahn per se jedoch wie geplant projektiert wurde. Sie ging im Juni 1926 als erste Personen-Seilschwebebahn Österreichs in Betrieb. Wie zu erwarten war, vervielfachten sich sogleich die Touristenzahlen im Gebirge. Allein im Eröffnungsjahr wurden mehr als 80.000 Personen (!) auf die Rax befördert.

Angesichts dieser Entwicklung gab es für Franz Schönbrunner, damals Betriebsvorstand der Wiener Wasserwerke, nur zwei Möglichkeiten: das nach Wien geleitete Wasser einem modernen Reinigungsverfahren zu unterziehen oder „alles zu unternehmen, wodurch eine weiter fortschreitende Verunreinigung des Quelleneinzugsgebietes verhindert werden könnte". Schönbrunner plädierte unter Berücksichtigung ausführlicher geologischer und hydrologischer Untersuchungen intensiv für die zweite Variante und stellte 1926 befriedigt fest: „Man hat sich für den zweiten Weg entschlossen, da es unfaßbar wäre, wenn Wien sein berühmtes Hochquellenwasser, um welches es von allen Städten der Welt beneidet wird, ebenso behandeln müßte, als wenn dieses Wasser in Klosterneuburg aus dem Donaustrome gepumpt werden würde." Man erkennt: Die abschreckende Wirkung des Donauwassers, die schon im 19. Jahrhundert oftmals bemüht wurde, funktionierte nach wie vor.

Der städtische Grundbesitz im Quellgebiet wurde in der Folge durch Ankauf beträchtlich erweitert, zudem veranlasste man die Festsetzung eines Quellschutzgebietes mit einer Fläche von mehr als 90.000 Hektar. Das Gefährdungspotenzial war somit weitgehend minimiert worden, die beste Wasserqualität auch weiterhin garantiert. In einer Festschrift des Wiener Stadtbauamtes zog man 1935 zufrieden Bilanz: „Die Güte und Frische des Wiener Hochquellenwassers, dessen Billigkeit und die ausreichende Versorgung selbst der hochgelegenen Stadtteile sind Vorzüge, die in der ganzen Welt gewürdigt werden und um die die Stadt Wien vielfach beneidet wird."

Bilder eines Lichtbildvortrags über die I. Wiener Hochquellenleitung, um 1930: Höllental, Wasserschloss Kaiserbrunn, Schöpfwerk Pottschach, Hochstrahlbrunnen

Werbeplakat für die Firma Ankerbrot, Entwurf: Fritz Bernhard, 1935

Mit zunehmendem Stolz wurde dieses Alleinstellungsmerkmal Wiens hervorgehoben. In offiziellen Schriften des amtierenden Stadtbaudirektors Franz Musil genauso wie bei populären Vorträgen in den Volkshochschulen, die als Teil der sozialdemokratischen Bildungsoffensive in den 1920/30er-Jahren eine Hochblüte erlebten. Ein gewisser Rudolf Hacker hielt in der Volkshochschule Urania einen Vortrag mit dem Titel „Wasserversorgung Wiens" und leitete ihn mit den Worten ein: „Wien, weltbekannt durch das gesunde und erfrischende Trinkwasser. Kommt aus den Bergen im Süden der Stadt." Anhand von zahlreichen Farbbildern brachte er einen ausführlichen Überblick über Bau und Verlauf der Hochquellenleitung mit vielen technischen Details und Ansichten der wichtigsten Stationen, von Kaiserbrunn über den Rosenhügel bis zum Hochstrahlbrunnen. Und Hacker schloss seinen Vortrag mit den Worten: „Achtung vor den Männern, die es geschaffen, Dank denen, die uns diesen köstlichen Schatz zuführen."

Die heroische Geschichte der Wasserleitung wurde, wie hier zu erkennen, all die Jahrzehnte über aus rein männlicher Sicht erzählt. Obwohl Frauen nachweislich bei deren Errichtung beteiligt waren, wie eine Fotografie der Baustelle des Mödlinger Aquädukts beweist (Seite 16). Genauere Informationen dazu liegen allerdings bis heute nicht vor. Die Forschungslage ist absolut mangelhaft, ein Desiderat, das künftiger Beschäftigung wert wäre.

Doch zurück zu den Volkshochschulen: Auch in anderen lokal- und regionalhistorisch orientierten Vorträgen zu Themen wie „Favoriten", „Wienerwald", „Thermalalpen" oder „Rax-Schneeberg" waren immer wieder landschaftsprägende Sujets der Hochquellenleitung, vornehmlich Aquädukte und Wasserbehälter, zu sehen. Ein bildgestütztes, vertieftes Allgemeinwissen über die Wasserleitung verbreitete sich in bürgerlichen Schichten genauso wie innerhalb der Arbeiterschaft.

Die breite Bekanntheit des Hochquellwassers und seine enge Koppelung an die Stadt wurde auch von der modernen Reklameindustrie aufgegriffen. Für die Favoritner Ankerbrotfabrik, in den 1930er-Jahren die größte Brotfabrik des europäischen Kontinents, entwickelte der Grafiker Fritz Bernhard eine später legendär gewordene Plakatkampagne. Mit dem Slogan „Worauf freut sich der Wiener, wenn er vom Urlaub kommt? Auf Hochquellwasser und Ankerbrot" und dem dazugehörigen Bild eines sprudelnden, frisch von der Bassena gefüllten Wasserglases verankerte sich das Wiener Wasser einmal mehr als einzigartig im Bewusstsein der Bevölkerung. (Der Werbespruch war dermaßen erfolgreich, dass ihn die Firma Anker insgesamt drei Jahrzehnte lang verwendete.)

Der Ausbruch des Zweiten Weltkriegs und die Kampfhandlungen, die ab 1944 Niederösterreich und Wien erreichten, bedeuteten eine schwerwiegende Zäsur in der Geschichte der Wasserleitung. Obwohl die größeren Aquädukte und die Anlagen in Pottschach durch Tarnanstriche mit graugrüner Farbe geschützt und zusätzlich Splitterschutzmauern errichtet wurden, konnten Beschädigungen durch Bombenabwürfe nicht verhindert werden. Im Frühjahr 1944 verzeichnete man am Leitungskanal bei Kottingbrunn einen nur leichten Einriss, einige Zeit danach folgten mehrere schwere Treffer bei Wöllersdorf; auch das Aquädukt in Mauer erlitt einen Totalschaden. Im Spätwinter 1945 folgten starke Zerstörungen durch Bombardierung des Raumes Neunkirchen. Bei den direkten Kampfhandlungen, die sich in den darauffolgenden Wochen in dieser Gegend und somit in unmittelbarer Nähe der Hochquellenleitung abspielten, kam es glücklicherweise zu keinen absichtlich herbeigeführten Beschädigungen. In Wien wurden einige Wasserbehälter schwer in Mitleidenschaft gezogen, ebenso große Teile des städtischen Rohrnetzes, sodass enorme Mengen an wertvollem Quellwasser ungenutzt versickerten.

Sicherungsarbeiten für das Aquädukt in Baden, 1944

Behebung der Kriegsschäden an einem Wasserbehälter in Favoriten, Foto: Kurt Gerlach, um 1945

Bau des Schneealpenstollens, 1960er-Jahre

INSTANDSETZUNG UND MAXIMIERUNG

Nach Kriegsende gelang es relativ rasch die nötigsten Instandsetzungsarbeiten durchzuführen. Bereits ab Juli 1945 floss wieder ungehindert Wasser durch die Hochquellenleitung. Auch das unterirdische Ver- und Entsorgungsnetz der Stadt konnte sukzessive repariert werden. Das Wien der Nachkriegszeit trachtete zügig danach, hier, wie generell in der Stadtplanung, mit seinen Infrastrukturleistungen an die Vorbilder der Zwischenkriegszeit und der liberalen Ära anzuschließen.

Schon in den 1950er-Jahren kamen bedeutende Innovationen und Erweiterungen zur Ausführung. Im Raxgebiet wurden drei Wasserleitungskraftwerke errichtet, in Wöllersdorf ein zusätzliches Schöpfwerk und in Neusiedl am Steinfeld ging ein gewaltiger neuer Wasserbehälter mit vier Kammern aus Stahlbeton in Betrieb. Mit einem Fassungsraum von 600 Millionen Litern einer der größten weltweit.

Die Sehnsucht nach Wasser schien in der sich formierenden Konsum- und Wohlstandsgesellschaft so groß wie nie. Der Wiener Dialektautor H. C. Artmann, aufgewachsen in Breitensee, brachte dies in seinem Gedicht „wossaresawaa" augenzwinkernd auf den Punkt: „aa wossaresawaa / a *zweizz* wossaresawaa / a *drizz* wossaresawaa / und a *fümz* und a *simz* / wossaresawaa ... [...] / wos soi ma do mochn? / da duascht / da duascht / (op s d wüsd oda ned) / da duascht dea head se / nii und nimma r auf!"

Auch die Schutzeinrichtungen wurden weiter verbessert: durch bauliche Maßnahmen bei der Südautobahn, die – in der nationalsozialistischen Ära geplant – nunmehr rasch fertiggestellt wurde und die Wasserleitung gleich vier Mal querte; vor allem aber auf legistische Weise, denn 1965 wurde endlich das gesamte Rax-Schneeberg-Schneealpenmassiv zum Wasserschongebiet erklärt.

In jenem Jahr begann auch der Bau des fast zehn Kilometer langen Schneealpenstollens, der der Hochquellenleitung bedeutende Mengen an zusätzlichem Wasser verschaffen sollte (und sie zudem in ganz unmittelbare Nähe zum Quellgebiet der II. Wiener Hochquellenleitung brachte). Neun Jahre später, nach Fertigstellung dieses längsten Wasserüberleitungsstollens Europas, wurde er erfolgreich mit den Sieben Quellen geflutet, wodurch sich die Wasseraufbringung der I. Wiener Hochquellenleitung um beachtliche zwanzig Prozent steigerte. Als man dann auch noch 1988 aus dem Hochschwabgebiet die Pfannbauernquelle einleitete, hatte die Gesamtlänge der Wasserleitung im Endausbau 150 Kilometer erreicht, also rund ein Drittel mehr als der ursprüngliche Bau.

Parallel zu dieser beachtlichen Kapazitätserweiterung arbeitete die Stadt Wien auch weiterhin an der Verbreitung des Wissens über die technische Einmaligkeit der Gesamtanlage. Zwar war in Wien der Hochstrahlbrunnen bereits 1945 durch das in direkter Nachbarschaft errichtete Heldendenkmal der Roten Armee vulgo „Russendenkmal" neu kontextualisiert worden, seine grundsätzliche Bedeutung als Symbol für das qualitativ hochwertige Wiener Wasser blieb jedoch bestehen. In der internationalen Rezeption zeichnete sich immer deutlicher ab: Die Hochquellenleitung gehörte zu den großen Errungenschaften Wiens, vergleichbar, wie nicht nur Hans Müller-Einigen feststellte, mit der Psychoanalyse, Zwölftonmusik oder Sezession.

Am anderen Ende der Leitung, in Kaiserbrunn, eröffnete im Jahr 1973, also genau zum 100-Jahr-Jubiläum, ein weiterer wichtiger Erinnerungsort. Im „Wasserleitungsmuseum", situiert im ehemaligen Haus des ersten Wasseraufsehers, wurde anhand von zahlreichen Dokumenten und Objekten die wechselvolle Geschichte des Baus nachgezeichnet. Ultimativer Höhepunkt war die zusätzliche Möglichkeit, das unweit des Museums liegende Was-

Ersttagsbrief mit Sonderpostmarke zum 100-Jahr-Jubiläum, 1973

Wasserleitungsmuseum Kaiserbrunn, 2008

Wasserwanderweg in Reichenau und bei Gumpoldskirchen

serschloss der Kaiserbrunnquelle zu besichtigen, unter strenger Aufsicht natürlich. Die Quellengrotte, der legendäre Ursprung des Wiener Wassers, war somit erstmals für alle hautnah erlebbar.

Aus Anlass des runden Jubiläums wurde von der Post ein Ersttagsbrief mit Sonderpostmarke aufgelegt und der Wiener Magistrat verfasste erneut eine kundige Festschrift. Autor war der ehemalige Mitarbeiter der Wiener Wasserwerke Alfred Drennig, der nunmehr auch die Entwicklung der jüngsten Zeit detailliert miteinbezog. In seinem Geleitwort wies der damalige Bürgermeister Leopold Gratz erneut auf das international hohe Ansehen des Wiener Wassers hin, aber auch auf eine Gefahr, die sich im Laufe der hundert Jahre als gleichsam unerwünschte Nebenwirkung einschlich: „Für uns Wiener ist die Versorgung mit Quellwasser Selbstverständlichkeit geworden. Kaum jemand macht sich darüber Gedanken, was alles dazugehört, daß diese Kostbarkeit stets in gleicher Güte und in ausreichenden Mengen zur Verfügung steht."

Eine wohl stimmige Diagnose, die generell auf hoch entwickelte Industriestaaten zutrifft, wie die Technikgeschichte lehrt. So wies Günter Bayerl bereits früh darauf hin, dass die nahezu ubiquitäre technische Bereitstellung des Wassers und seine überaus komfortable Nutzung, ermöglicht durch ein komplexes, zumeist unsichtbares technisches System, mit dazu beitragen, dass der Wert des Wassers kaum mehr gewürdigt wird. Die Entsinnlichung des Wassergebrauchs gehe Hand in Hand mit seiner verminderten Wertschätzung als Ressource. Hinzu kommt, dass es ein relativ billiges Massengut geworden ist, bei dem – wie im Fall von Wien – eine große räumliche Trennung von natürlichem Dargebot und Nutzungsort besteht. Kurzum, alles Bedingungen, die eine forcierte Bewusstseinsbildung auf breiter Basis nötig machen.

Vor allem der Beginn, die Eröffnung der I. Hochquellenleitung als „kommunales Ereignis von säkularer Bedeutung", wie es das Wiener Stadtbauamt einmal mehr formulierte, sollte künftig noch stärker propagiert werden. Dazu diente nicht zuletzt der im Jahr 1998, also zum 125-jährigen Bestandsjubiläum, eröffnete und bis heute bestehende „1. Wiener Wasserwanderweg". Er führt in seinem ersten Abschnitt, ausgehend von Kaiserbrunn, durch das Höllental nach Hirschwang und Payerbach bis Gloggnitz; in einem zweiten Abschnitt gelangt man von Bad Vöslau über Baden nach Mödling und passiert dabei gleich zwei der mächtigen Aquädukte. Diese wurden sodann in den folgenden Jahrzehnten, gemeinsam mit den anderen Querungen, in enger Zusammenarbeit mit dem Bundesdenkmalamt generalsaniert.

BEWUSSTSEINSWANDEL DURCH DIE KLIMAKRISE

Die I. Hochquellenleitung kann heute bis zu 220 Millionen Liter Wasser pro Tag liefern. Gemeinsam mit der II. Hochquellenleitung ist damit im Regelfall der Wasserbedarf von Wien gedeckt (der Verbrauch beträgt im Durchschnitt 390 Millionen Liter täglich). Nur bei extremer Trockenheit muss aus den Grundwasserwerken Lobau und Moosbrunn zugespeist werden.

Wien ist damit in der Luxussituation, sämtliche 23 Bezirke (!) mit Quellwasser versorgen zu können. Die I. Hochquellenleitung übernimmt dabei den flächenmäßig größten Anteil: alle Bezirke innerhalb des Gürtels und östlich der Donau sowie Teile des 12., 15. und 23. Bezirks. Eine derart flächendeckende Versorgung einer Millionenstadt mit Hochgebirgswasser ist die absolute Ausnahme und wird in Europa nur noch von München erreicht.

Regelmäßige Bestnoten bei internationalen Städterankings stehen damit oft in direktem Zusammenhang. So wurde Wien im August 2022 in Singapur einmal mehr mit einem Städtepreis für Nachhaltigkeit und Lebensqualität ausgezeichnet, dem Lee Kuan Yew World City Prize Award. Dabei begeisterte die Jury vor allem eines: das Wiener Trinkwasser.

Der Wert desselben ist wegen der Klimakrise mit häufigen Trockenperioden und Hitzewellen in den letzten Jahren deutlich gestiegen. Wasser wird auch in einer gut versorgten Stadt wie Wien zunehmend als wertvolle Ressource und existenzielles Lebensmittel angesehen. Dabei erwies es sich als richtig, dass seine Verfügbarkeit stets in kommunalen Händen verblieb und allfälligen Privatisierungsbestrebungen niemals nachgegeben wurde. Das Beispiel Paris sollte als Warnung für derartige Begehrlichkeiten genügen: Hier war die Wasserversorgung Mitte der 1980er-Jahre an zwei private Anbieter ausgelagert worden, mit dem Ergebnis einer verminderten Qualität und enormen Preissteigerungen. Deshalb betrieb die Pariser Stadtverwaltung im Jahr 2008 mit Erfolg eine Re-Kommunalisierung. Die Überzeugung, dass Wasser als öffentliches Gut anzusehen ist und seine Verteilung einen sozialen und verantwortungsbewussten Umgang erfordert, ist seither in vielen europäischen Städten zur obersten Maxime geworden.

Auch bei der Bevölkerung. Einträge im Besucherbuch des Wasserleitungsmuseums Kaiserbrunn bringen den Bewusstseinswandel sehr emotional zum Ausdruck. So heißt es etwa im Juli 2022: „Gott sei Dank haben wir unser sauberes Wasser!" Oder: „Wunderbar, dass wir unbedenklich in Wien ‚Leitungswasser' trinken können." Und nicht zuletzt: „Wir wissen es zu schätzen!"

Wenn sich das Wiener Wasser samt dazugehöriger Wasserleitung dergestalt zu einem Mythos entwickelte, dann hat das auch etwas Gutes. Denn die Mythisierung bedeutet auch eine verstärkte politische Unantastbarkeit. Und was wäre eine bessere Absicherung in unserer krisengeschüttelten Gegenwart?

Donau
Wien
II. Wiener Hochquellenleitung
St. Pölten
Wasserwerk Lobau
Mödling
Scheibbs
Wasserwerk Moosbrunn
Gaming
Niederösterreich
Baden
Bad Vöslau
Lunz
I. Wiener Hochquellenleitung
Stixenstein-quellen
Mariazell
Kaiser-brunn-quelle
Gußwerk
Brunngrabenquellen
Neunkirchen
Wildalpen
Pfannbauern-quelle
Sieben Quellen
Hirschwang
Gloggnitz
Höllbachquellen
Kläfferquelle
Mürzzuschlag
Schreier-klammquelle
Siebenseequellen
Steiermark
Quellen
1. Wiener Wasserwanderweg
Wasserwerk
Schutz- und Schongebiet
Wasserbehälter

WIENER WASSER – KRISENFEST

Ein Gespräch mit Paul Hellmeier

PETER PAYER

Dipl.-Ing. Paul Hellmeier ist Leiter der Magistratsabteilung 31 – Wiener Wasser und somit oberster Verantwortlicher für das Wasser in Wien. Im Gespräch erklärt er die Komplexität der großstädtischen Wasserversorgung, welche Rolle die beiden Hochquellenleitungen dabei spielen und welchen Anforderungen man sich stellen muss, um für die Zukunft gerüstet zu sein.

Paul Hellmeier im Gespräch mit Peter Payer

Peter Payer: ***Wie sollen wir uns die in das Gesamtsystem der Wiener Wasserversorgung eingebettete I. Hochquellenleitung vorstellen? Es sind ja letztlich viele Faktoren, die hier zusammenspielen und auch funktionieren müssen.***

Paul Hellmeier: Wesentlich ist zunächst einmal, den Anfang des Wasserkreislaufs zu sehen. Der Prozess beginnt mit dem Niederschlag in Form von Regen oder Schnee. Der Wassertropfen trifft an einer Oberfläche auf, im Idealfall Waldboden, das heißt Humus, weil hier schon eine enorme Reinigungsleistung stattfindet. Danach sickert das Wasser durch eine noch viel mächtigere Schicht: das Gebirgsmassiv aus Kalk oder Dolomit. Und hier passiert das Feintuning der Wasserqualität. Eine weitere intensive Reinigung setzt ein, bei der das Wasser manchmal über Jahrzehnte im Berg verbleibt, manchmal aber auch nur wenige Stunden, je nach Geologie, bevor es dann in der sogenannten Quellstube austritt. Insgesamt haben wir siebzig Quellen für die Wiener Wasserversorgung zur Verfügung, die unterschiedlich ergiebig sind. Die Quelle mit der höchsten Schüttung ist die Kläfferquelle im Hochschwabgebiet mit bis zu 10.000 Liter pro Sekunde!

Kann man sagen, je länger das Wasser im Berg ist, umso sauberer ist es?

Auf jeden Fall. Längere Aufenthaltszeit im Berg bedeutet höhere Reinigungsleistung und damit auch größere Sicherheit in puncto

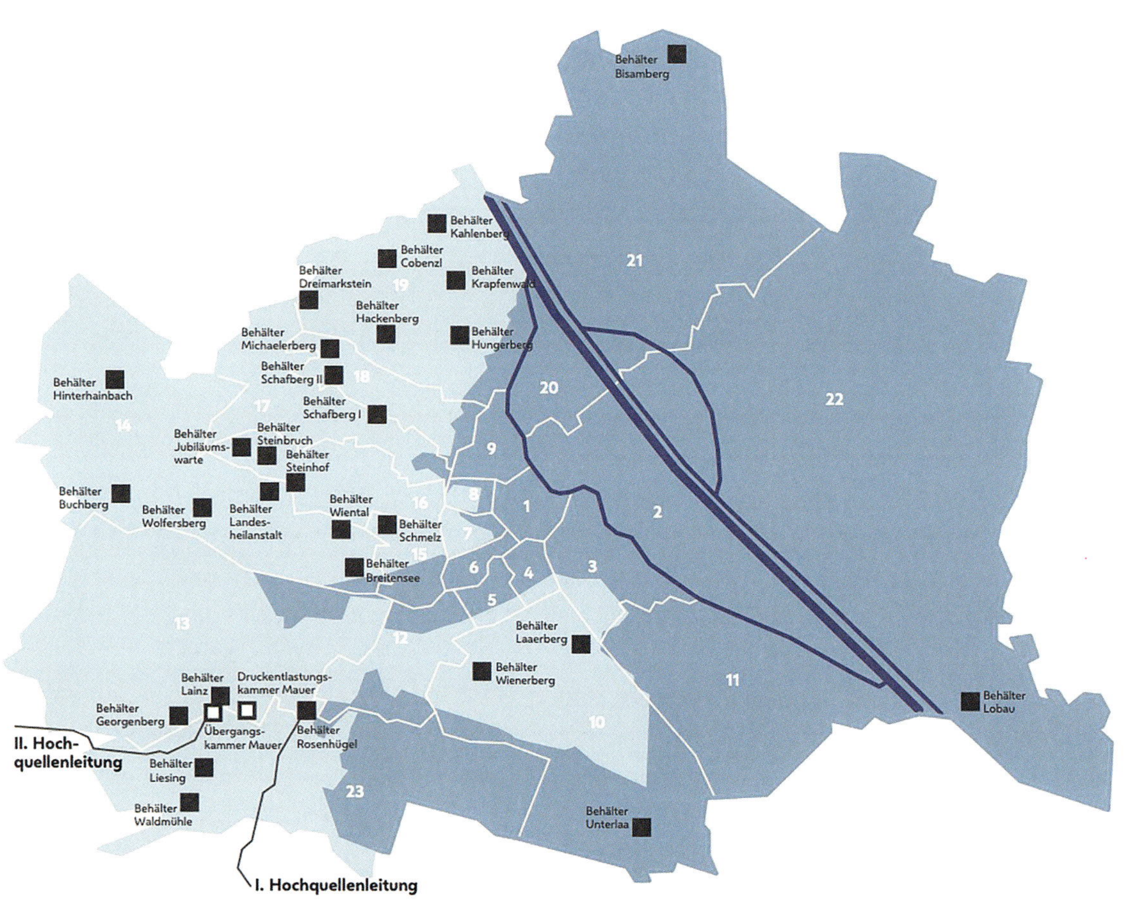

WASSERVERTEILUNG

I. HOCHQUELLENLEITUNG:
1. bis 6. Bezirk
7. und 8. Bezirk Ost
9. Bezirk
10. Bezirk Süd
11. Bezirk
12. Bezirk Nord und Süd
15. Bezirk Süd
17. bis 19. Bezirk Ost
20. bis 22. Bezirk
23. Bezirk Ost

II. HOCHQUELLENLEITUNG:
3. Bezirk Süd
4. und 5. Bezirk Süd
7. und 8. Bezirk West
10. Bezirk (Wienerberg)
12. bis 14. Bezirk
15. Bezirk Nord
16. bis 19. Bezirk
23. Bezirk West

■ **Wasserbehälter**
□ **Anlagen**

Wasserqualität. Die Alpen sind hier wie ein riesiger Filter, gleichsam ein Schwamm, der sich mit Wasser vollsaugt und dieses dann – glücklicherweise – wieder abgibt. Und dann kam die großartige Idee und Ingenieursleistung, dass man auf das natürliche Gefälle gesetzt hat, um dieses Wasser in Form einer kontinuierlich abfallenden Freispiegelleitung nach Wien zu transportieren. Die Hochquellenleitung ist also eigentlich ein überbauter Kanal. Topografische Hindernisse wurden mit Aquädukten überwunden, insgesamt dreißig bei der I. und hundert bei der II. Hochquellenleitung.

Und in Wien münden die Leitungen dann in riesige Wasserbehälter …

Der Endpunkt der I. Hochquellenleitung ist das Reservoir Rosenhügel, jener der II. das Reservoir Lainz, und hier kommt es dann zu einem systemischen und technischen Wechsel. Von da weg funktioniert die Wasserversorgung mit Druckleitungen, hier gibt es also keine Freispiegelleitung mehr. Wenngleich das Wesen des gravitativen Transports beibehalten wird und heute rund 95 Prozent der Wiener Bevölkerung gravitativ versorgt werden. Nur wenige hoch gelegene Gebiete, etwa Kahlenberg, Cobenzl oder Wilhelminenberg, benötigen zusätzlich Pumpwerke. Von diesen ersten Wasserbehältern geht's dann in weitere, insgesamt 29 in ganz Wien plus zwei in Niederösterreich (Moosbrunn und Neusiedl am Steinfeld). Sie alle fungieren als Puffer und Steuerungsinstrumente und geben damit eine gewisse Sicherheit bei der Wasserversorgung.

In die Haushalte und Betriebe kommt das Wasser somit allein durch die Gesetze der Physik?

So ist es. Der Druck, mit dem das Wasser aus der Leitung kommt, ist im Regelfall zwischen drei und sechs Bar, somit ein guter Wohlfühldruck, wie wir sagen, nicht zu leicht und nicht zu stark. All das funktioniert problemlos für die Bauhöhen zur damaligen Errichtungszeit, also bis in den vierten oder fünften Stock eines Altbaus; nur später errichtete Hochhäuser brauchen dann technische Unterstützung durch eine Pumpvorrichtung, die der jeweilige Gebäudeeigentümer installiert.

Nochmals zu den Dimensionen dieser städtischen Infrastruktur. Wie viele Behälter gibt es dabei für die I. Hochquellenleitung und wie viele Kilometer an Rohrleitungen?

Der größte Behälter ist jener in Neusiedl mit 600 Millionen Liter Fassungsvermögen. Und dann gibt es noch andere, wie eben am Rosenhügel oder auf der Schmelz, die ausschließlich zur I. Hochquellenleitung gehören. Aber manche Behälter werden von beiden Hochquellenleitungen gespeist. Die Gesamtlänge des Wasserrohrnetzes in Wien beträgt etwa 3000 Kilometer, hinzu kommen dann noch etwa 800 Kilometer an sogenannten Anschlussleitungen, die von der Mitte der Straße bis zu den Wasserzählern im Haus gehen.

Wie stark verändert sich da der Querschnitt der Leitungen?

Der Durchmesser beträgt bei den überregionalen Transportleitungen bis zu 1,40 Metern und verringert sich dann sukzessive auf rund 15 Zentimeter bei den Anschlussleitungen.

Also alles in allem eine extrem differenzierte, im Lauf der Jahrzehnte sich immer weiter verzweigende Infrastruktur.

Gerne wird vergessen, dass parallel zur Errichtung der Hochquellenleitung auch das innerstädtische Leitungsnetz errichtet werden musste; eine mindestens ebenso große technische Leistung. Und dann gehört auch noch das riesige Entsorgungsnetz durch die Ka-

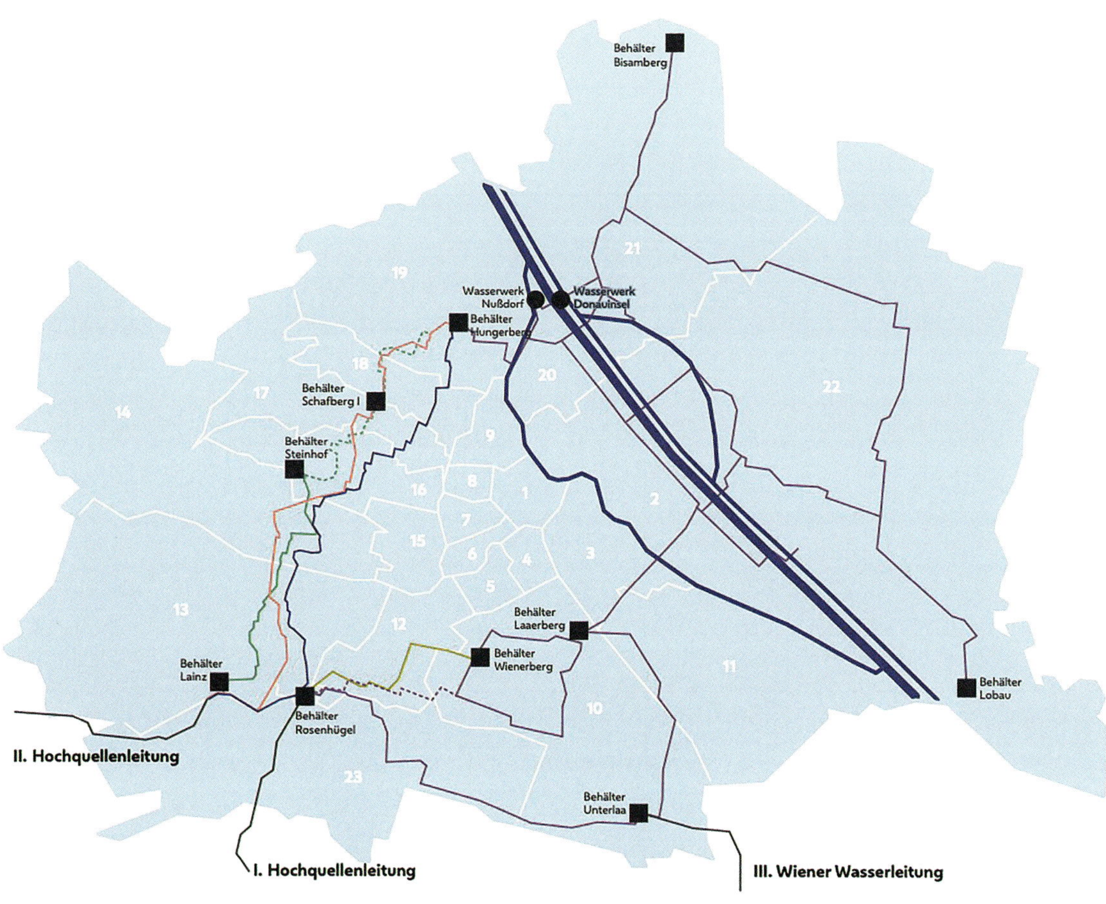

1. Hauptleitung
2. Hauptleitung
3. Hauptleitung Süd
3. Hauptleitung Nord: Baubeginn 2020
4. Hauptleitung: Baubeginn 2022
Favoritner Ast
Weiterer Verlauf des Rohrnetzes

Wasserbehälter

näle dazu, wofür aber bei der Stadt Wien eine andere Abteilung, nämlich Wien Kanal, zuständig ist.

Und dieses hoch komplexe System ist in Wirklichkeit in vielen Etappen errichtet und optimiert worden, und wird es letztlich bis heute.

Das ist das Los einer technischen Infrastruktur mit weit zurückliegenden historischen Wurzeln. Man muss sie kontinuierlich weiterentwickeln, ständig weiter investieren und langfristig denken, um den folgenden Generationen ein gutes und sicheres System zu übergeben.

Dazu ist wohl auch eine starke institutionelle Verankerung in der Stadtverwaltung nötig. Wie sind Sie denn ressourcenmäßig als Magistratsabteilung ausgestattet?

Wir haben bei Wiener Wasser rund 570 Mitarbeiterinnen und Mitarbeiter, davon sind rund vierzig mit der I. Hochquellenleitung betraut, rund siebzig Personen mit der II. und die übrige Belegschaft ist in Wien tätig. Arbeitstechnisch unterscheiden wir bei der Wasserversorgung fünf Kernprozesse: Gewinnung und Fernleitung, Speicherung und Steuerung, Aufbereitung, Verteilung und ganz am Ende die Gebührenverrechnung.

Eine Ihrer Aufgaben ist auch die regelmäßige Reinigung und Wartung der I. Hochquellenleitung. Wie geht dies konkret vor sich?

Pro Jahr finden vier sogenannte Abkehren statt, zwei im Frühling und zwei im Herbst. Die Wasserleitung wird dabei außer Betrieb genommen, bewusst in den Übergangszeiten, weil wir da einerseits guten Zugang zu den Quellen im Gebirge haben und andererseits kein Spitzenverbrauch vorhanden ist. Die Quellen fließen dann in den Vorfluter, d.h. in die Schwarza, und die Hochquellenleitung wird entleert. Es folgt eine Begehung und Inspektion der gesamten Strecke im Inneren der Leitung. Gibt es Schäden, die wir noch nicht kennen und wo wir Handlungsbedarf haben? Gibt es geplante Baumaßnahmen, die jetzt durchgeführt werden? Dieser wichtige persönliche Augenschein wird natürlich begleitet von Fotodokumentationen, Laserscans und vermessungstechnischen Untersuchungen. Und dann folgt die Reinigung, d.h. die Feinsedimente, die sich im Leitungskanal ablagern, werden mit einer sogenannten Stollenwaschmaschine entfernt, ein Gerät, das wir selbst entwickelt haben. Diesen Vorgang nennen wir dann Waschabkehr. Bei diesen Abkehren stehen wir unter großem Zeitdruck, da ja die Wasserversorgung der Stadt aufrechtzuerhalten ist. Eine Abkehr dauert rund eine Woche, länger geht nicht. In dieser Zeit greifen wir auf die Reserven in den Wasserbehältern zurück. Die fehlenden Wassermengen werden von den Grundwasserwerken kompensiert. Die II. Hochquellenleitung muss während der Abkehr an der I. Hochquellenleitung voll in Betrieb sein. Auch bei dieser findet natürlich eine Abkehr statt, aber nie gleichzeitig mit der I. Hochquellenleitung. Eine von beiden muss immer voll zur Verfügung stehen. Gute Planung, gute Ausführung und rechtzeitige Inbetriebnahme sind hier extrem wichtig.

Können überraschende Starkregenereignisse diese Planung durcheinanderbringen?

Wir als Trinkwasserversorger sind grundsätzlich eher Fans von „Salzburger Schnürlregen", also möglichst kontinuierlichem, länger anhaltendem, unspektakulärem Niederschlag; bei Starkregen kann es bei den Quellen zu Trübungen kommen. Das ist nichts Dramatisches, aber das Wasser leiten wir dann meist ab und verwenden es nicht. Starkregen kann insofern zum Problem werden, als wir zum

Leitungsinspektion und Ausbesserungsarbeiten

Beispiel bei einer Abkehr der I. Hochquellenleitung einige Quellen bei der II. ableiten müssen und daher zu wenig Wasser zur Verfügung steht. Dann sind wir gezwungen, die Abkehr der I. Hochquellenleitung vorzeitig abzubrechen. Das kommt aber selten vor.

Welche Probleme kommen eher vor?

Wenn im Hochsommer, bei 37 Grad, viele Menschen ihren Garten gießen und der Wasserverbrauch überdurchschnittlich steigt. Dann haben wir in Wien einen Tagesverbrauch von bis zu 530 Millionen Litern und nicht, wie sonst, von rund 390 Millionen.

Gibt es dann auch Aufrufe zum Wassersparen, wie wir das von anderen Gemeinden längst kennen?

Nein, wir sind bisher nicht an unsere Kapazitätsgrenzen gestoßen. Solche Aufrufe sind mir aus den letzten Jahrzehnten nicht bekannt. Wir sind hier wirklich in einer sehr guten Situation.

Kommen wir nochmals zu einem Vergleich der beiden Hochquellenleitungen. Unterscheiden sich diese in der Bautechnik, oder anders gefragt: Hat man von der I. etwas gelernt, was man bei der II. dann angewandt hat?

Beide trennt ja eine Entstehungszeit von rund vierzig Jahren. Ein wesentlicher Unterschied ist, dass es bei der II. auch 19 Düker (Taluntergquerungen) gibt, bei der I. noch gar keine. Dann die Aquädukte: Sie wurden bei der I. in Ziegelbauweise errichtet, bei der II. aus Natursteinblöcken, die natürlich langlebiger und robuster sind. Die Ziegelaquädukte haben einen deutlich höheren Sanierungsbedarf, wobei hier natürlich auch der Denkmalschutz zu berücksichtigen ist. Einen hohen Sanierungsaufwand erfordert leider auch der Behälter Neusiedl. Er stammt aus den späten 1950er-Jahren und damals hat man erstmalig Stahlbeton verwendet, allerdings unterdimensioniert.

Behälter Neusiedl bei der „Abkehr“

„Brunnhilde" auf dem Heldenplatz

Die I. Hochquellenleitung ist also grundsätzlich sanierungsbedürftiger als die II.?

Das ist leider nicht so. Denn die II. verläuft ja durch das Alpenvorland, also die Flyschzone. Diese ist eine Mischung aus verschiedenen Gesteinsformationen, die kriecht und sich bewegt und zu einer allmählichen Deformation der Hochquellenleitung führt. Bei Abschnitten in Flyschhängen waren wir daher schon mehrmals gezwungen, einen Bypass zu bauen, einen Umgehungstunnel weiter ins Gebirge hinein, um hier auf der sicheren Seite zu sein.

Die Vorteile der Hochquellenleitungen hat einmal jemand in drei Schlagworten zusammengefasst: Einfache technischen Prinzipien – alterungsfähig – nachhaltig. Wie würden Sie die Nachhaltigkeit beschreiben?

Es ist aus meiner Sicht schon bemerkenswert, dass diese Bauwerke damals mit so viel Weitblick errichtet wurden, nämlich nicht nur hinsichtlich der Qualität und Gesundheit, sondern auch im Sinne der Quantität. Denn die Dimensionierung der Hochquellenleitungen steht im Einklang mit der Schüttungsmenge der Quellen – und nicht zuletzt auch mit dem bestehenden rechtlichen Konsens.

Wenn wir jetzt an das andere Ende der Leitung denken, also nicht an den Beginn in den Bergen, sondern an das Wasser im öffentlichen Raum der Stadt. Wie wird es denn hier sichtbar?

Der freie und kostenlose Zugang zum Trinkwasser ist ein großes Anliegen unserer Stadt. Wir haben rund 1.300 Trinkbrunnen. Dazu gehören auch Hydranten, die zu Trinkbrunnen umfunktioniert werden. Das sind die bekannten „Brunnhilden", von denen es mittlerweile 75 Stück gibt. Insgesamt haben wir im verbauten Gebiet alle 500 Meter einen freien Zugang zu Trinkwasser. Die genauen Standorte kann man im Stadtplan der Stadt Wien elektronisch abrufen. Die Brunnen werden auch gerne von der Bevölkerung angenommen, von Einheimischen genauso wie von Touristinnen und Touristen. Je heißer die Sommer werden, umso wichtiger ist es natürlich, dass man hier jederzeit hochwertiges Trinkwasser zur Verfügung hat.

Schlägt da Ihr Herz höher, wenn Sie etwa auf dem Heldenplatz die Menschen sehen, die an der „Brunnhilde" Schlange stehen und dankbar ihre Trinkflaschen auffüllen?

Ja, absolut. In der Innenstadt gibt es mehrere solche touristischen Hotspots, auch am Graben oder in der Kärntner Straße. Das sind Erfolgsgeschichten, denn die „Brunnhilde" ist ja eine

Eigenentwicklung. Wir sind stolz, dass sie so gut funktioniert. Wobei es generell eine Winterpause gibt. Aufgedreht werden sie – wie auch die Monumental- und Denkmalbrunnen – meist um den 22. März, dem Weltwassertag. In Betrieb sind sie dann bis etwa Oktober.

Kommen wir zu den Kosten. Wie hoch sind die Wassergebühren derzeit?
Tausend Liter kosten genau 2,14 Euro; das Abwasser kostet 2,35 Euro. Damit liegen wir im europäischen Vergleich im Mittelfeld. Grundsätzlich zahlen bei uns alle Wasserabnehmer das Gleiche, egal ob Private oder Betriebe. Wir sind hier für das gesamte Stadtgebiet zuständig, wobei wir aus Gründen der Synergie auch die Abwassergebühr für Wien Kanal verrechnen und damit die Finanzgebarung sowohl von Wasser als auch Abwasser übernehmen.

Die Qualität des Wassers wird ja international immer wieder hervorgehoben. Wie wird denn das „Rohwasser", das aus dem Berg austritt, auf seinem Weg nach Wien weiter behandelt?
Es passiert eigentlich relativ wenig, das Wasser bleibt naturbelassen bis zur Stadtgrenze. Direkt vor dem Wasserbehälter findet dann eine Desinfektion statt und zwar mit UV-Licht in Kombination mit Chlordioxid. Also eine minimale Behandlung, die hygienische Sicherheit gewährleistet. Ab dann ist das in Wien zirkulierende Wasser kein „Rohwasser" mehr, sondern ein behutsam desinfiziertes Trinkwasser. Geschmacklich macht das so gut wie keinen Unterschied, zumal das Wasser ja auch eine relativ konstante Kühle von sieben Grad aufweist. Wenn es im Haushalt dann doch einmal wärmer wahrgenommen wird, so liegt das daran, dass es länger in den Leitungen gestanden ist.

Kraftwerk Naßwald, Foto: Christian Houdek, 2013

Versorgungssicherheit ist ja auch eine politische Frage und wird oft in Zusammenhang mit Privatisierungsbestrebungen diskutiert. Wie ist da der Stand der Dinge in Wien?
Für uns ist es absolut notwendig und wichtig, dass die Wasserversorgung in öffentlicher Hand bleibt. Nur so ist die Sicherheit gewährleistet und garantiert, dass langfristig gedacht wird, kontinuierliches Handeln stattfindet und die notwendigen Investitionen in die Infrastruktur getätigt werden. Wasser als Lebensmittel Nummer eins ist zu wichtig, so unsere Überzeugung, als dass es hier Unsicherheiten geben darf. Aktuell sehe ich da keine Gefahr für Wien. Es gibt zudem verfassungsrechtliche Bemühungen in diese Richtung. Mindestens ebenso wichtig ist die extrem hohe Zufriedenheit der Bevölkerung mit der derzeitigen Situation. Er-

Präsentation des Entwurfs zum „Jubiläumsbrunnen“: die Künstlergruppe Gelatin mit Paul Hellmeier und Stadtrat Jürgen Czernohorsky (Mitte)

fahrungen in Paris, aber auch in Berlin haben die Nachteile von Privatisierungen gezeigt. In beiden Städten wurde die Wasserversorgung inzwischen re-kommunalisiert. Auch hinsichtlich der EU-Gesetzgebung sind wir da mit unserer Vorgangsweise durchaus auf der sicheren Seite.

Die beiden Hochquellenleitungen gehören zur kritischen Infrastruktur. Wie schützen Sie sich in Krisensituationen, also etwa bei Umweltkatastrophen oder im Kriegsfall? Es sind ja doch viele Kilometer, die hier ständig im Auge behalten werden müssen.
Wir haben ein komplexes Risikomanagementsystem entwickelt, im Rahmen dessen analysieren und evaluieren wir ständig etwaige Gefahren. Und planmäßig findet ein Mal pro Woche eine Kontrolle der gesamten Strecke statt – an jeder Hochquellenleitung.

Was ist denn aus Ihrer Sicht das größte Risiko?
Das ist relativ schwer zu beantworten. Denn, wie die Corona-Krise uns gelehrt hat, können oft überraschende Ereignisse eintreten, mit denen man nicht wirklich rechnet. Wir unterscheiden grundsätzlich zwischen intentionalen Gefahren, etwa Terroranschlägen, und Naturereignissen und versuchen die Eintrittswahrscheinlichkeiten und den möglichen Schaden abzuschätzen. Unser Krisenmanagement wird permanent beübt, ist streng strukturiert und auch penibel dokumentiert. Damit haben wir ein gutes Werkzeug, um auf Störfälle reagieren zu können.

Vor welchem Ereignis haben Sie die größte Angst? Sind das Erdbeben, die ja entlang der Thermenlinie immer wieder vorkommen, oder das derzeit medial viel diskutierte Blackout?
Vor Letzterem fürchten wir uns sicher nicht. Da sind wir vorbereitet und da wird es bei der Wasserversorgung keine großen Probleme geben.

Zum Thema Strom: Die beiden Hochquellenleitungen produzieren auch Strom …
Ja, es gibt insgesamt 16 Kraftwerke, das älteste aus dem Jahr 1912. Das ist also keine neue Idee, aber ein tolles Nebenprodukt, dass wir hier Ökostrom aus Trinkwasser erzeugen können. Wir produzieren rund 63 Millionen Kilowattstunden pro Jahr, das entspricht in etwa dem Strombedarf von Wiener Neustadt. Das 17. Wasserkraftwerk ist momentan in Bau, in Döbling am Behälter Hungerberg. Zwei Kraftwerke werden von Wien Energie betrieben, die anderen von uns.

Kommen wir zu den Zukunftsaussichten. Wie begegnen Sie dem Klimawandel? Besteht die reale Gefahr, dass der Wiener Bevölkerung einmal nicht mehr genug Wasser zur Verfügung stehen wird?
In unserer Zukunftsstrategie „Wiener Wasser 2050“ prognostizieren wir aufgrund des Bevölkerungsanstiegs eine Zunahme des Verbrauchs um 15 Prozent, das sind etwa sechzig Millionen Liter Wasser pro Tag mehr. Wir arbeiten daher an einer Vergrößerung des Angebots durch den Bau eines neuen Grundwasserwerks auf der Donauinsel. Die zweite wichtige Maßnahme ist die Erhöhung des Speichervolumens. Aktuell wird der Behälter Schafberg vergrößert, ab 2024 der Behälter Neusiedl. Bei Letzterem werden riesige neue Kammern errichtet, die bestehenden werden sukzessive saniert, sodass am Ende der größte Wasserspeicher Europas mit einem Fassungsvermögen von einer Milliarde Liter Wasser entsteht. Die dritte Maßnahme ist der Ausbau der Transportkapazitäten,

Fassadengemälde der Künstlerin Frau Isa

insbesondere in Wien. Das ist bereits voll im Gange. Hier werden vor allem überregionale Transportleitungen verstärkt, bestehende Engstellen beseitigt und die aktuellen Stadterweiterungsgebiete in den Blick genommen. Wenn wir diese drei Hauptmaßnahmen, kombiniert mit einer Vielzahl anderer Projekten, abarbeiten, dann sind wir für die nächsten Jahrzehnte gut abgesichert.

Neue Quellen für die Hochquellenleitungen werden keine mehr erschlossen?

Hier gibt es wenig Potenzial. Wir planen aber, bestehende Hochquellen auszubauen, um die verfügbaren Wassermengen zu erhöhen. Ein zusätzlicher Rohrstrang in der Höllbachquelle ermöglicht es künftig, mehr Wasser vom Hochschwabgebiet nach Wien fließen zu lassen.

Die Gefahr, dass aus dem Gebirge einmal deutlich weniger Wasser kommt, sehen Sie derzeit nicht?

Nein, das sehe ich nicht. Die Niederschlagsmengen sind in den letzten Jahren im Gebirge, nämlich über das ganze Jahr hinweg betrachtet, relativ konstant geblieben. Allerdings muss man dazu sagen, dass die Wissenschaft derzeit gute Prognosen über die Temperaturentwicklung abgeben kann. Was die Niederschläge anbelangt, so können diese regional so unterschiedlich sein, dass hier Prognosen deutlich schwieriger sind. Dementsprechend sehe ich hier eine gewisse Unschärfe, die aber für Wien immer noch verkraftbar ist, weil wir die Sicherheit über die Grundwasserwerke haben. Die wir ja, wie gesagt, künftig noch verstärken werden. Damit hoffen wir, für alles gerüstet zu sein, was auch immer vom Klimawandel noch kommen wird.

Vielen Dank für das Gespräch!

EPILOG:

Wiener Wasser feiert das 150-Jahr-Jubiläum der I. Hochquellenleitung mit zahlreichen Aktivitäten. Neben einem Festakt in Kaiserbrunn wird im Wiener Sonnwendviertel ein „Jubiläumsbrunnen" der Künstlergruppe Gelatin eröffnet, auf der Linken Wienzeile entstand ein großformatiges Wandgemälde der Künstlerin Frau Isa.

WASSERSCHLÖSSER, EINSTIEGSTÜRME, AQUÄDUKTE

Eine fotografische Erkundung

JOHANNES HLOCH

Im Herbst 2019 bin ich auf dem Rückweg von einer Wanderung in Hinternaßwald an der Brunnenfassung der von der Abendsonne beleuchteten Reisstalquelle vorbeigekommen. Die Szene mit dem eigentümlichen kleinen Bauwerk hat mich gereizt, ich habe sie fotografiert. Danach habe ich nicht weiter daran gedacht.

Monate später, zu Ostern 2020, besuchte ich spontan das Wasserleitungsmuseum Kaiserbrunn. Ich war dort nicht zum ersten Mal, bin den „Wasserwanderweg" zwischen Kaiserbrunn und Hirschwang davor Dutzende Male gegangen, kenne das Höllental seit meiner frühesten Kindheit und habe dort und in den umliegenden Bergen viel Zeit verbracht. An vielen Bauten der I. Wiener Hochquellenleitung bin ich unzählige Male vorbeigekommen, ohne sie wirklich wahrzunehmen. Die Qualität und Herkunft des Wiener Wassers, das ich täglich trinke, waren mir durchaus bewusst. Aber an diesem Tag in Kaiserbrunn erwachte erstmals ein wirkliches Interesse an diesem Infrastrukturprojekt, seiner Geschichte und vor allem seiner Architektur. Ich fotografierte die dortigen Bauten der Hochquellenleitung: das Wasserschloss, die Zumesskammer, einen Stollenzugang.

Es folgten Internet- und Kartenrecherchen, vor allem aber machte ich mich wenig später daran, die Hochquellenleitung in der Landschaft aufzusuchen und zu dokumentieren.

Erstes Ziel war Naßwald – der Ort des ersten Fotos und für mich ein dramaturgischer Höhepunkt der Hochquellenleitung. Da findet sich die Fassung der Wasseralmquelle mit ihrer monumentalen Architektur, die 1894 das langjährige Ende der Leitung darstellte. Abseits jeglicher Wanderwege, am Ende einer tadellosen Asphaltstraße in einem engen Talschluss liegt sie umgeben von penibel gemähtem Rasen inmitten von Bergwäldern und Felswänden. Der repräsentative Anspruch des Bauwerks, der mangels Publikum als Selbstzweck erscheint, hat etwas Eigenartiges.

Und dort liegt das Wasserschloss Reisstal, das den Schneealpenstollen abschließt und seit Ende der 1970er-Jahre das Wasser der steirischen Quellen in die Leitung speist. Die Sprache der Architektur hat sich drastisch geändert: ein utilitaristischer Betonbau vor einer mit Spritzbeton abgesicherten Felswand. Die plattenartige Struktur eines Teils der Fassade als einziges Zugeständnis an die Formensprache der ursprünglichen Hochquellenleitungs-Architektur. Das akribische Pflegeregime der umliegenden Freiräume ist das gleiche.

Nach und nach erforschte ich die gesamte Länge der Hochquellenleitung. Die ikonenhaften Einstiegstürme, die in regelmäßigen Abständen den Leitungsverlauf in der Landschaft sichtbar machen. Die markanten Aquädukte. Die minimalistisch betonier-

Aufsatz der Einstiegstürme

ten Zugänge des steirischen Teils aus den 1970er-Jahren. Die wie in einer Rückbesinnung wieder an die ursprüngliche historische Architektur angelehnten Bauten der Pfannbauernquelle, den endgültigen Endpunkt der Leitung aus den 1980er-Jahren.

Beim Fotografieren interessiert mich neben der Architektur vor allem ihre Einbettung in die sie umgebende Landschaft. Die Positionierung der Bauwerke beruht auf rein technischen Kriterien – dem Ursprung der Quellen, der durch die Notwendigkeit eines kontinuierlichen Gefälles erzwungenen Trassenführung durch die Landschaft, den regelmäßigen Abständen der Einstiegstürme.

Die Quellfassungen sind noch stark mit ihrer Umgebung, den Einzugsgebieten der Quellen, verwoben. Später löst sich diese Beziehung: die Einstiegstürme stehen scheinbar unmotiviert in Feldern, zwischen Einfamilienhäusern, in Weinbergen und wirken oft wie willkürlich in die Landschaft geworfen. Und doch bildet die Hochquellenleitung – zumindest der niederösterreichische Teil – durch die kohärente Architektur ein ästhetisches Kontinuum.

Und schließlich: Wien. Wo sich die Wasserbehälter einreihen in den Kanon der städtischen Infrastruktur und Architektur und darin oft untergehen, aber sofort, ist das Auge für die Besonderheiten der Hochquellenleitung einmal sensibilisiert, als Teil der Wiener Wasserversorgung erkennbar sind.

Der Begriff „Wasserschloss" bringt die Architekturen der I. Wiener Hochquellenleitung gut auf den Punkt. In der eigentlichen Wortbedeutung ist ein Wasserschloss ein hydrologisches Bauwerk. Es dient als Stoßdämpfer für Wassermassen, um die Druckunterschiede abzufangen, die bei Änderung der Durchflussmenge in einem Druckrohr auftreten. Mit dem Begriff wurde aber schon zu Bauzeiten der I. Wiener Hochquellenleitung gespielt: er wurde in seinem Sinn erweitert – das Wasserschloss wurde zum Repräsentationsbau.

Der hohe gestalterische Anspruch und die Stringenz der Formensprache der ursprünglichen Hochquellenleitung und ihrer Erweiterungen bis nach Naßwald – heute würde man vielleicht von Branding oder Corporate Architecture sprechen – machen die Bedeutung dieser Bauten spürbar und sorgen für Wiedererkennbarkeit.

Mit der fortschreitenden Erkundung der I. Wiener Hochquellenleitung begannen mich auch die gesellschaftlichen, politischen und planerischen Kontexte ihres Baus zu interessieren. Da war diese Vision des frischen, reinen Gebirgswassers für Wien, die dann vielleicht den Ausschlag gegeben hat, dieses Projekt gegen so viel Zweifel und Widerstand umzusetzen und die damit verbundenen Kosten und Risiken einzugehen. Die Zweifel an dem Projekt und die heftige Opposition sind, teils aufgrund von Eigeninteressen, teils aus Unglauben an die Machbarkeit oder aus Visionslosigkeit, aus heutiger Sicht oft schwer nachzuvollziehen.

Und die Dauerhaftigkeit oder, wenn man so will, Nachhaltigkeit des Projekts. Seit 150 Jahren fließt das Wasser nun schon ohne Energieaufwand quasi von selbst nach Wien. Hier wurde mit einem einmaligen Kraftakt (und der konsequenten Weiterführung des eingeschlagenen Weges durch die Verlängerungen der I. und den Bau der II. Hochquellenleitung) die Frage der Trinkwasserversorgung Wiens langfristig beantwortet.

Die hier vorliegenden Fotografien der I. Wiener Hochquellenleitung haben dokumentarischen Charakter. Ich möchte, dass beim Betrachten der Bilder das Motiv ins Zentrum der Aufmerksamkeit rückt, dass es frei von gestalterischen und stilistischen Ablenkungen erlebbar wird.

Bei der Aufnahme liegt mein Fokus auf der Suche nach geeigneten Perspektiven, die dem Bauwerk gerecht werden und von denen aus die wichtigen Bildelemente sich zu einem stimmigen Ganzen vereinigen.

Bei der Bildbearbeitung konzentriere ich mich darauf, Farben und Tonwerte realistisch abzubilden. Eine Fotografie ist keine Reprografie – es gibt keine technisch objektiv richtige Wiedergabe der Tonwerte – und so bleibt der Umgang mit Farben und Tonwerten eine handwerkliche und ästhetische Herausforderung bei der Arbeit mit dem Ausgangsmaterial.

Mit den vorgenommenen Anpassungen der Farben und Tonwerte sowie etwaigen perspektivischen Korrekturen und Beschnitt des Bildmaterials ist die Bearbeitung im Wesentlichen erledigt. Sämtliche vorliegenden Bilder sind frei von Retuschen und zeigen die Szenen so, wie sie sich zum Aufnahmezeitpunkt präsentiert haben.

Wasserschloss Pfannbauernquelle, Pfannhammer

Hebewerk Pfannbauernquelle, Pfannhammer

Zugangsstollen Dobrein

Zugangsstollen Karlgraben

Verwaltungsgebäude und Halle, Karlgraben

Wasserschloss Reisstal, Hinternaßwald

Oben: Überlaufgerinne Wasseralm-Quelle, Hinternaßwald; unten: Wald beim Wasseralmbach, Hinternaßwald

Wasserschloss Wasseralmquelle, Hinternaßwald

Wasserschloss Lettingquelle, Hinternaßwald

Wasserschloss Schütterlehnenquelle, Hinternaßwald

Kammer 1, Hinternaßwald

Wasserschloss Reisstal-Quelle, Hinternaßwald

Wasserschloss Fuchspassquelle, Höllental

Stollenzugang VI, Höllental

Oben: Quellfassung Höllentalquellen, Höllental; unten: Zugangsstollen mit Regulator, Kaiserbrunn

Zumesskammer Kaiserbrunn

Wasserschloss Kaiserbrunnen, Kaiserbrunn

Wasserschloss Kaiserbrunnen, Kaiserbrunn

Schöpfwerk Pottschach

Grundwasserschachte Pottschach

Wasserschloss Stixensteinquelle, Stixenstein

Oben: Zugang Stixenstein; unten: Einstiegsturm 2, Sieding

Wasserspeicher Neusiedl, Neusiedl am Steinfeld

Wasserspeicher Neusiedl, Neusiedl am Steinfeld

Einstiegsturm 19, Weikersdorf

Einstiegsturm 20, Weikersdorf

Einstiegsturm 27, Felixdorf

Aquädukt Leobersdorf

Aquädukt Leobersdorf

Einstiegsturm 33, Gainfarn

Oben: Einstiegsturm 33, Gainfarn; unten: Aquädukt Baden

Einstiegsturm 35, Sooß

Aquädukt Baden

Einstiegsturm 36, Baden

Einstiegsturm 38, Baden

Oben: Einstiegsturm 39, Pfaffstätten; unten: Einstiegsturm 42, Eichkogel

Aquädukt Mödling

Aquädukt Mödling

Äquädukt Liesing, Wien

Aquädukt Liesing, Wien

Aquädukt Liesing, Wien

Wasserspeicher Rosenhügel, Wien

Wasserspeicher Rosenhügel, Wien

Wasserspeicher Rosenhügel, Wien

Wasserspeicher Rosenhügel, Wien

Wasserspeicher Rosenhügel, Wien

Alte Schieberkammer, ehem. Wasserreservoir Schmelz, Wien

Verwaltungsgebäude ehem. Pumpwerk Breitensee, Wien

Ehem. Pumpwerk Breitensee, Wien

Wasserspeicher Breitensee, Wien

Wasserspeicher Schafberg, Wien

Wasserturm Favoriten, Wien

Wasserturm Favoriten, Wien

Wasserspeicher Wienerberg, Wien

Wasserspeicher Laaerberg, Wien

Wasserspeicher Laaerberg, Wien

Brunnen Rathauspark, Wien

Oben: Brunnen Rathauspark; unten: Hochstrahlbrunnen Schwarzenbergplatz, Wien

Hochstrahlbrunnen Schwarzenbergplatz, Wien

QUELLEN UND LITERATUR

BÜCHER UND BROSCHÜREN

Altenberg, Peter: Märchen des Lebens. Berlin 1908.

Altenberg, Peter: Pròdrŏmŏs. Berlin 1919 (EA 1906).

Angetter, Daniela/Raetus Gasche, Wolfgang/Seidl, Johannes (Hg.): Eduard Sueß (1831–1914) – Wiener Großbürger, Wissenschaftler, Politiker zum 100. Todestag. Wien 2014.

Artmann, H. C.: med ana schwoazzn dintn. gedichta r aus bradnsee. Salzburg 1958.

Artner, Richard: Gefährdungspotentiale von Quellschutzgebieten infolge touristischer Nutzung. Dargestellt am Beispiel Rax. Diplomarbeit der Universität Wien. Wien 2002.

Bartl, Alexander: Walzer in Zeiten der Cholera. Eine Seuche verändert die Welt. Hamburg 2021.

Baumgartner, Franz: Ein populäres Wort über die Wasser-Versorgung der Stadt Wien. Wien 1884.

Borkowitz, Franz: Das Wasserwerk der Wiener Hochquellenleitung im XIII. Bezirk. Wien 1898.

Borkowitz, Franz: Das Wasserwerk der Wiener Hochquellenleitung im X. Bezirk. Wien 1900.

Brandstätter, Gottfried: Die erste Personen-Seilschwebebahn Österreichs. Geschichten – Bilder – Fakten. Reichenau 2016.

Donner, Josef: Eduard Sueß – der Vater der I. Wiener Hochquellenleitung. In: Mitteilungen der Österreichischen Geologischen Gesellschaft. Bd. 74/75, 1981/82, S. 41–51.

Donner, Josef: „Dich zu erquicken, mein geliebtes Wien ...“. Geschichte der Wiener Wasserversorgung von den Anfängen bis 1910. Wien 1990.

Donner, Josef: 100 Jahre 1. Wiener Hochquellenleitung. Kurzführer Wasserleitungsmuseum Kaiserbrunn. Wien 1973.

Drasche, Anton: Über den Einfluss der Hochquellenleitung auf die Salubrität der Bevölkerung Wiens. Wien 1889.

Drennig, Alfred: Die I. Wiener Hochquellenwasserleitung. Festschrift herausgegeben vom Magistrat der Stadt Wien, Abteilung 31 – Wasserwerke aus Anlaß der 100-Jahr-Feier am 24. Oktober 1973. Wien 1973.

Eggerth, Josef: Reiche Aprilquellen und armer Kommunalsäckel! Gründliche Warnung vor einem Hazardspiel, bei welchem man Sechzehn Millionen Gulden auf die lustigste Weise verputzen kann. Wien 1865.

Eggerth, Josef: Ein Grubenlicht zum projectirten Unterfahren des Kaiserbrunnens im entscheidenden Momente der Wasserversorgungsfrage. Wien 1866.

Egghardt, Hanne/Lammerhuber, Lois/Riha, Georg: Wiener Wasser/The Water of Vienna. Wien 2003.

Faller, Emil: Die Wassermesser bei der Hochquellenleitung in Wien. Wien 1874.

Felder, Cajetan: Erinnerungen eines Wiener Bürgermeisters. Hg. von Felix Czeike. Wien, Hannover, Bern 1964.

Gattinger, Traugott E.: Fassung und Einleitung der sieben Quellen im Karlgraben in die 1. Wiener Hochquellenleitung: Geologie und Baugeschichte des Schneealpenstollens der 1. Wiener Hochquellenleitung. Wien 1973.

Gerlich, Rudolf/Stimmer, Kurt (Red.): 150 Jahre Wiener Stadtbauamt. Wien 1985.

Hohn, Manfred: Feldbahnen beim Bau der Wiener Hochquellenleitungen. Wien 2007.

Koblizek, Ruth/Süssenbek, Nicole: Wasser in jedwedes Buergers Haus. Die Trinkwasserversorgung Wiens. Wien 2003.

Magistrat der Stadt Wien (Hg.): Regulativ für die Ausführung von Wasserleitungen im Anschlusse an die Kaiser Franz Josefs-Hochquellenleitung in Wien 1893.

Magistrat der Stadt Wien, Magistratsabteilung 22 (Hg.): Wasserspuren – nachhaltige Zukunftspfade. Gedanken zum Thema „nachhaltige Raumnutzung“ im Zusammenhang mit dem Jubiläum „125 Jahre 1. Wiener Hochquellenleitung“. Wien 1998.

Makowiczka, Alphons: Die Mitwirkung der k. k. Genie-Truppe beim Baue der Kaiser Franz Josef-Hochquellenleitung. Wien 1874.

Mihatsch, Carl: Der Bau der Wiener Kaiser Franz Josefs-Hochquellen-Wasserleitung. Wien 1881.

Müller-Einigen, Hans: Jugend in Wien. Roman. Wien 1948.

N.N.: Zur Orientirung in der Frage der Wasserversorgung Wiens. Von einem Wiener Wähler. Wien 1892.

Nowak, Josef: Systematische Darstellung der Beschaffenheit und Zusammensetzung des Wassers der Kaiser Franz Josefs-Hochquellenleitung. Wien 1882.

Onderka, Vinzenz: Die Hochquellen-Wasserleitung für Wien. Wien 1873.

Peretti, Peter: Die I. Wiener Hochquell-Wasserleitung. Projektentstehung und Errichtung. Diplomarbeit der Techn. Universität Wien. Wien 2014.

Putz, Ewald/Baumgartner, Peter: Das schönste Tal. Bilder und Geschichten aus dem Höllental zwischen Rax und Schneeberg. Wien 2002.

Rapp, Christian/Kristan, Markus: Ankerbrot. Die Geschichte einer großen Bäckerei. Wien 2021.

Schartner, Christina Maria: Auswirkungen von möglichen Klimaänderungen im Einzugsgebiet der Wiener Hochquellenleitungen. Ein Blick in die Vergangenheit und in die Zukunft. Saarbrücken 2009.

Schönbrunner, Franz: Die Sicherungsmaßnahmen im Quellgebiet der I. Wiener Hochquellleitung. In: Zeitschrift des Österreichischen Ingenieur- und Architekten-Vereines. Heft 27/28, 1926, S. 275–278.

Schönbrunner, Franz: Das Gesetz zum Schutze der 1. Wiener Hochquellenleitung. Wien 1927.

Stadler, Rudolf: Die Wasserversorgung der Stadt Wien in ihrer Vergangenheit und Gegenwart. Denkschrift zur Eröffnung der Hochquellen-Wasserleitung im Jahre 1873, nach amtlichen Daten bearbeitet. Wien 1873.

Stadt Wien – Wiener Wasser: Wiener Wasser 2050. Strategie für die Zukunft. Wien 2022.

Strauss, Eduard: Erinnerungen. Wien, Leipzig 1906.

Sueß, Eduard: Erinnerungen. Leipzig 1916.

Wassermann, W. P.: Gefundene 5 ¾ Millionen. Eine Studie über Fehlerquellen bei der Wiener Hochquellen-Wasserleitung. Wien 1893.

Wertheim, Otto: Das Röhrennetz der Wiener Hochquellen-Wasserleitung. Eine Denkschrift zur Abwehr der gegen dasselbe erhobenen Beschuldigungen. Leipzig 1872.

AUFSÄTZE UND ZEITUNGSARTIKEL

Banik-Schweitzer, Renate: Liberale Kommunalpolitik in Bereichen der technischen Infrastruktur Wiens. In: Felix Czeike (Hg.): Wien in der liberalen Ära (= Forschungen und Beiträge zur Wiener Stadtgeschichte, Bd. 1). Wien 1978, S. 91–119.

Bayerl, Günter: Konsum, Komfort und Netzwerke. Die Versorgung mit Wasser. In: Reinhold Reith, Torsten Meyer (Hg.): „Luxus und Konsum" – eine historische Annäherung (= Cottbuser Studien zur Geschichte von Technik, Arbeit und Umwelt, Bd. 21). Münster u. a. 2003, S. 129–158.

Békési, Sándor: Hochquellenleitung. Alpenwasser für die Großstadt. In: Wolfgang Kos, Ralph Gleis (Hg.): Experiment Metropole. 1873: Wien und die Weltausstellung. Ausstellungskatalog des Wien Museums. Wien 2014, S. 330–335.

Békési, Sándor: Auf dem Weg zur Stadtmaschine? Zur Infrastrukturentwicklung Wiens in der frühen Gründerzeit. In: Wolfgang Kos, Ralph Gleis (Hg.): Experiment Metropole. 1873: Wien und die Weltausstellung. Ausstellungskatalog des Wien Museums. Wien 2014, S. 94–105.

Borkowitz, Franz: Das zweite Wasserwerk der Wiener Hochquellenleitung im X. Bezirk (Favoriten). In: Zeitschrift des Oesterreichischen Ingenieur- und Architekten-Vereines. Nr. 4/1900. S. 53–57.

Dandler, Florian: Die 1. Wiener Hochquellwasserleitung – nur das beste Wasser ist gut genug. In: Mensch, Wissenschaft, Magie. Mitteilungen der Österreichischen Gesellschaft für Wissenschaftsgeschichte. Bd. 34–35/2019, S. 249–283.

Hack, Friedrich G.: Die Wasserversorgung der Städte. In: Zeitschrift für die gesamte Staatswissenschaft. Bd. 34, Heft 1/2, 1878, S. 296–321.

Hacker, Rudolf: Wasserversorgung Wiens. Vortragsmanuskript Nr. 199. Österreichisches Volkshochschularchiv. Wien o. J. (um 1930).

Haidvogel, Gertrud: Wasser für die Stadt. Von lokalen Versorgungspunkten zum überregionalen Leitungsnetz. In: Zentrum für Umweltgeschichte (Hg.): Wasser Stadt Wien. Eine Umweltgeschichte. Wien 2019, S. 213–225.

Halbhuber, Axel: Mythen und Helden. Wie das Wiener Wasser in die Leitung kommt. In: Kurier, 22.3.2018.

Hofmann, Thomas: Drei Denkmäler für Eduard Suess, die keiner kennt. In: Der Standard, 22.10.2020.

Kos, Wolfgang: Holz und Wasser. In: Ders. (Hg.): Die Eroberung der Landschaft. Semmering – Rax – Schneeberg. Katalog der NÖ Landesausstellung. Wien 1992, S. 182–189.

Kraus, Karl: Was man im Traum aufsagen kann. In: Die Fackel. Heft 331/332, 30.9.1911, S. 24–25.

Machek, Ludwig: Die Wiener Wasserversorgung. In: Rudolf Tillmann (Red.): Festschrift herausgegeben anlässlich der Hundertjahrfeier des Wiener Stadtbauamtes. Wien 1935, S. 245–257.

Meißl, Gerhard: Gebirgswasser in Wien. Die Wasserversorgung der Großstadt im 19. und 20. Jahrhundert. In: Karl Brunner, Petra Schneider (Hg.): Umwelt Stadt. Geschichte des Natur- und Lebensraumes Wien. Wien, Köln, Weimar 2005, S. 195–205.

Musil, Franz: Die Wasserversorgung. In: Das Neue Wien. Städtewerk herausgegeben unter offizieller Mitwirkung der Gemeinde Wien. Bd. III. Wien 1927, S. 190–214.

N.N.: Die Eröffnung der Wasserleitungsarbeiten im Höllenthal. In: Morgen-Post, 8.12.1869, S. 2–3.

A. L. (Anton Langer): Zum 21. April. In: Hans Jörgel von Gumpoldskirchen, 23.4.1870, S. 1.

N.N.: Auf dem Rosenhügel. In: Die Presse, 31.8.1873, S. 7.
N.N.: Die Eröffnungsfeier der Hochquellenleitung. In: Illustrirtes Wiener Extrablatt, 25.10.1873, S. 2–3.
N.N.: Die Eröffnung der Hochquellen-Wasserleitung. In: Die Presse, 25.10.1873, S. 8–9.
N.N.: Die feierliche Eröffnung der Hochquellen-Wasserleitung. In: Morgen-Post, 25.10.1873, S. 2–3.
N.N.: Feierliche Eröffnung der Hochquellenleitung. In: Neue Freie Presse, 24.10.1873, S. 2.
N.N.: Festbankett im Cursalon. In: Neue Freie Presse, 25.10.1873, S. 6.
N.N.: Beim Hochschwallen-Bankett. In: Figaro. Humoristisches Wochenblatt. Nr. 50/1873, S. 199.
N.N.: Die Hochquellenwasserleitung in Wien. In: (Leipziger) Illustrirte Zeitung, Nr. 1585/1873, S. 357–358.
N.N.: Hochquellen-Wasserleitung. In: Emil Winkler (Hg.): Technischer Führer durch Wien. Mit Unterstützung des Oesterreichischen Ingenieur- und Architekten-Vereines. Wien 1873, S. 71–79.
N.N.: Die Wiener Wasserleitung. In: Ueber Land und Meer. Allgemeine Illustrirte Zeitung. Nr. 21/1874, S. 412, 415.
N.N.: Was liegt daran? In: Figaro. Humoristisches Wochenblatt. Nr. 15/1877, S. 59.
N.N.: Fontaine lumineuse. In: Neue Freie Presse, 24.6.1906, S. 9.
N.N.: Rückblick auf die Wasserversorgung Wiens seit Eröffnung der Kaiser-Franz-Josef-Hochquellenleitung. In: Stadt Wien (Hg.): Die Zweiter Kaiser-Franz-Josef-Hochquellenleitung der Stadt Wien. Eine Gedenkschrift zum 2. Dezember 1910. Wien 1910, S. 17–21.
N.N.: Raxbahn und Hochquellenleitung. Die Enquete der Landesregierung. In: Neue Freie Presse, 11.10.1925, S. 14.
N.N.: Ein Denkmal für Eduard Sueß. In: Arbeiter-Zeitung, 20.9.1928, S. 8.
N.N.: Sueß-Denkmal und Sueß-Feier. In: Der Tag, 20.9.1928, S. 5.
Pestalozzi, S.: Die Wasserversorgung von Paris. In: Schweizerische Bauzeitung, Heft 19/1890, S. 109–111.
Schönbrunner, Franz: Die Sicherungsmaßnahmen im Quellschutzgebiet der I. Wiener Hochquellleitung. In: Zeitschrift des Österreichischen Ingenieur- und Architekten-Vereines. Heft 27/28, 1926, S. 275–278.
Stuhlpfarrer, Martin: Wiener Grant und der „Nobelpreis“ für die Stadt. In: Die Presse, 3.8.2022, S. 10.
Sykora, Karl: Die Kaiser Franz Josefs-Hochquellenleitung. In: Paul Kortz (Red.): Wien am Anfang des XX. Jahrhunderts. Ein Führer in technischer und künstlerischer Richtung. 1. Band. Wien 1905, S. 217–232.
Waissenberger, Robert: Die I. Hochquellenwasserleitung. In: Ders.: Wiener Nutzbauten des 19. Jahrhunderts als Beispiele zukunftsweisenden Bauens. Wien, München 1977, S. 117–122.

MUSIKKOMPOSITIONEN

Kaulich, Josef: Hochquellen. Walzer für Pianoforte (op. 132). Wien 1873.
Král, Johann Nepomuk: Hochstrahlbrunnen. Schnellpolka für Pianoforte (op. 44). Wien 1873.
Strauss, Eduard: Die Hochquelle. Polka-Mazur für Pianoforte (op. 114). Wien 1911.

AUDIO/VIDEO

Jungnikl-Gossy, Saskia: Sommer in Wien. Erfrischt und gekühlt mit dem berühmten Wiener Wasser. Podcast. 2022.
Riha, Georg: Wasser für Wien. Dokumentarfilm. 1996.
Riha, Georg: Wiener Wasser. Dokumentarfilm aus der Serie „Universum“. ORF, 2010.
Schennach, Simon: Wiener Wasser – Schatz der Zukunft. Dokumentarfilm aus der Serie „Terra Mater“. Servus TV, 2023.
Macho, Thomas: Wasser für die Kaiserstadt – Die Wiener Hochquellenleitung. Dokumentarfilm. ORF, 2023.
Sieder, Erika/Stuber, Johann: 150 Jahre Wiener Hochquellenwasserleitung/ „WirWasser“ Jubiläumsbrunnen der Künstlergruppe Gelatin/Die Brunnen Wiens. USB-Stick 2023.

INTERNET

https://de.wikipedia.org/wiki/I._Wiener_Hochquellenleitung
https://www.geschichtewiki.wien.gv.at/Erste_Hochquellenleitung
https://www.wien.gv.at/wienwasser/versorgung/weg/
http://www.wasserwerk.at/home/wasserwerke/wien/geschichte
https://mediawien-film.at/film/285/ sowie https://mediawien-film.at/film/428/ (Wasserspeicher in Neusiedl)

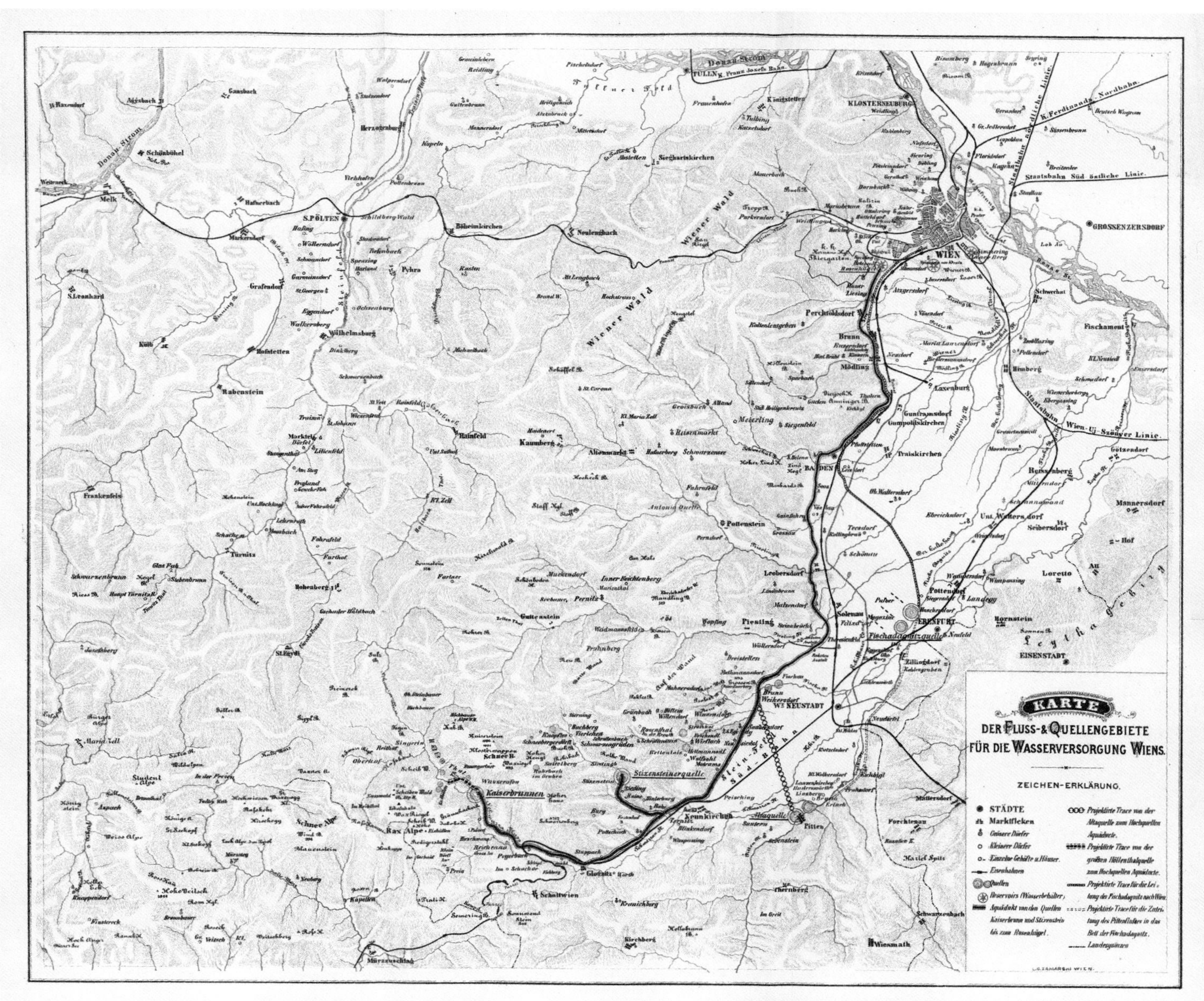

Die Fluss- und Quellengebiete für die Wasserversorgung Wiens, 1873

ZEITTAFEL

1861 Ausschreibung eines internationalen Wettbewerbs zur Errichtung einer Wasserleitung für die Stadt Wien. Zwölf Offerte plus ein Projekt des Wiener Stadtbauamts gehen beim Magistrat ein.

1862 Gründung einer Wasserversorgungskommission, die die eingelangten Vorschläge und Varianten auf ihre Machbarkeit prüft.

1863 Cajetan Felder, erster Bürgermeister-Stellvertreter, wird Obmann der Wasserversorgungskommission.

1864 Der Gemeinderat entscheidet sich für das vom Geologen Eduard Sueß favorisierte Projekt, Gebirgswasser aus dem Rax-Schneeberg-Gebiet nach Wien zu leiten. „Schwur von Leobersdorf“: Nach einer Besichtigungsfahrt ins Höllental geloben Cajetan Felder, Eduard Sueß und Heinrich von Fellner, Gemeinderat und Hofrat beim Obersten Rechnungshof, am Bahnhof von Leobersdorf, das Projekt unverzüglich und mit vereinten Kräften zu realisieren.

1865 Kaiser Franz Joseph schenkt der Stadt Wien die Kaiserbrunnquelle.

1866 Das Hochquellenprojekt gewinnt die Abstimmung im Gemeinderat. Wahl einer neuen Wasserversorgungskommission, die mit der Durchführung beauftragt wird.

1868 Cajetan Felder wird Bürgermeister von Wien (bis 1878).

1869 Der Londoner Unternehmer Antonio Gabrielli erhält den Zuschlag für den Bau der „Kaiser-Franz-Joseph-Hochquellenleitung“ von Kaiserbrunn nach Wien. Anfang Dezember erfolgt der erste Sprengschuss im Höllental.

1869–1873 Bau der 95 Kilometer langen Wasserleitung sowie der Wasserbehälter Rosenhügel, Schmelz und Wienerberg.

1873 24. Oktober: Feierliche Eröffnung durch Kaiser Franz Joseph, im Zuge deren der Hochstrahlbrunnen am Schwarzenbergplatz in Wien in Betrieb genommen wurde.
Der Magistratsbeamte Rudolf Stadler veröffentlicht die Dokumentation „Die Wasserversorgung der Stadt Wien in ihrer Vergangenheit und Gegenwart. Denkschrift zur Eröffnung der Hochquellen-Wasserleitung im Jahre 1873, nach amtlichen Daten bearbeitet“.

1874 Inbetriebnahme des Wasserbehälters am Laaerberg.

1876–1878 Leitungsprobleme durch unregelmäßige Quellschüttungen, Kritiker sprechen von „teurer Fehlplanung“. Erweiterungsbauten werden notwendig.

1877 Ende des Jahres werden bereits zwei Drittel der Wiener Häuser (ohne Vororte) mit Hochquellwasser versorgt.

1878 Bau des Grundwasserpumpwerks Pottschach.

1881 Carl Mihatsch, als Vertreter der Stadt Wien für die Planung verantwortlich, veröffentlicht das Werk „Der Bau der Wiener Kaiser Franz Josefs-Hochquellen-Wasserleitung“ (Selbstverlag des Verfassers).

1883 Die Bauordnung schreibt erstmals die Einleitung von Hochquellwasser für Neu- und Umbauten vor, sofern eine Anschlussmöglichkeit vorhanden ist.

1887–1900 Einbeziehung der Quellen oberhalb von Kaiserbrunn.

1888 Rund neunzig Prozent der Wiener Häuser werden mit Hochquellwasser versorgt.

1889 Einleitung der Höllentalquelle.

1894 Einleitung der Fuchspassquelle.

1896 Inbetriebnahme des Wasserhebewerks Breitensee.

1899 Inbetriebnahme des Wasserhebewerks Wienerberg und des Wasserturms Favoriten.
Erwerb der Sieben Quellen im Karlgraben, Neuberg an der Mürz.

1906 Umbau des Hochstrahlbrunnens zu einem Leuchtbrunnen („Fontaine lumineuse“). Nach Plänen des Architekten Oskar Marmorek erstrahlt er künftig in den Farben Rot, Gelb, Grün, Blau, Violett und Weiß.

1909 Bau des Grundwasserwerks Matzendorf.

1910 Eröffnung der II. Hochquellwasserleitung aus dem Hochschwabgebiet. Die Grundidee, Gebirgswasser über eine Fernleitung nach Wien zu transportieren, wird gefestigt. Erstmals keine Wasserknappheit mehr in Wien, merkbare Senkung der Sterblichkeitsrate.

1911 Eduard Strauss veröffentlicht „Die Hochquelle“, eine Polka-Mazur für Pianoforte (op. 114), gewidmet dem Geologen Eduard Sueß.

1922 Umbenennung der „Kaiser-Franz-Josefs-Hochquellen-Wasserleitung“ in „Erste Hochquellenleitung“.

1928 Bau der Wasserversorgungsanlage Naßwald.
Enthüllung des Eduard-Sueß-Denkmals (Entwurf: Franz Seifert) auf dem Wiener Schwarzenbergplatz.

1929 Bau des Wasserleitungskraftwerks in Naßwald.

1931–1942 Beginn der Verbundwirtschaft mit Gemeinden in Niederösterreich.

1944–1945 Beschädigungen durch Bombardements im Zweiten Weltkrieg, insbesondere bei Neunkirchen, Wöllersdorf sowie im Bereich des Aquädukts Mauer.

1951–1954 Bau der Wasserleitungskraftwerke in Hinternaßwald, Hirschwang und Kaiserbrunn.

1957 Inbetriebnahme des Schöpfwerks Wöllersdorf.

1959 Inbetriebnahme des Speichers Neusiedl am Steinfeld, mit einem Fassungsraum von 600 Millionen Litern damals der weltweit größte Wasserbehälter.

1961–1963 Bau von Schutzeinrichtungen an den Querstellen mit der Südautobahn.

1965 Das gesamte Rax-Schneeberg-Schneealpen-Massiv wird zum Wasserschutzgebiet erklärt.

1965–1970 Bau des 9680 Meter langen Schneealpenstollens, damals Europas längster Wasserüberleitungsstollen.

1973 Alfred Drennig veröffentlicht das Jubiläumswerk „Die I. Wiener Hochquellenwasserleitung. Festschrift herausgegeben vom Magistrat der Stadt Wien Abteilung 31 – Wasserwerke aus Anlaß der 100-Jahr-Feier am 24. Oktober 1973".
Eröffnung des Wasserleitungsmuseums in Kaiserbrunn.
Das Quellenschutz- und Schongebiet erreicht eine Größe von 245 Quadratkilometern, wovon rund 75 Prozent im Eigentum der Stadt Wien stehen.

1974 Einleitung der Sieben Quellen in den Schneealpenstollen. Die Wasseraufbringung der I. Hochquellenleitung wird dadurch um zwanzig Prozent gesteigert.

1988 Einleitung der Pfannbauernquelle aus dem Hochschwabgebiet.
Die I. Wiener Hochquellenleitung erreicht eine Gesamtlänge von 150 Kilometern. Ihre maximale Förderleistung beträgt rund 220 Millionen Liter pro Tag.

1998 Feier zum 125-Jahr-Jubiläum und Eröffnung des „1. Wiener Wasserwanderweges".

1999–2015 Generalsanierung der Aquädukte Mödling, Baden, Speising und Mauer.

2022 Enthüllung einer Gedenktafel für Eduard Sueß an seinem ehemaligen Wohn- und Sterbehaus in Wien-Leopoldstadt, Afrikanergasse 9.

2023 Feier zum 150-Jahr-Jubiläum: Enthüllung eines „Jubiläumsbrunnens" der Künstlergruppe Gelatin im Wiener Sonnwendviertel und eines Wandgemäldes der Künstlerin Frau Isa an der Linken Wienzeile.

Abbildungsverzeichnis

AUTOREN

PETER PAYER

geboren 1962, Historiker, Stadtforscher und Publizist. Inhaber eines Büros für Stadtgeschichte, Kurator für „Kommunale Infrastruktur“ im Technischen Museum Wien. Vorstandsmitglied des Vereins für Geschichte der Stadt Wien und des Österreichischen Arbeitskreises für Stadtgeschichtsforschung. Arbeitsschwerpunkte: Sinnesgeschichte der Großstadt, öffentlicher Raum, Wiener Feuilleton.

Zahlreiche Artikel in Zeitungen und Fachjournalen, Buchpublikationen zur Stadtgeschichte von Wien, zuletzt: „Auf nach Wien. Kulturhistorische Streifzüge“ (2021), „Stille Stadt. Wien und die Corona-Krise“ (gem. mit Christopher Mavrič, 2021), „Ludwig Hirschfeld. Wien in Moll“ (2020), „Der Klang der Großstadt. Eine Geschichte des Hörens, Wien 1850–1914“ (2018), „Auf und Ab. Eine Kulturgeschichte des Aufzugs in Wien“ (2018).

Aufgewachsen in Leobersdorf, verbrachte er schon als Kind viele Stunden spielend in unmittelbarer Nähe der I. Wiener Hochquellenleitung. Heute lebt er in Wien und Payerbach/Küb und somit erneut unweit der Leitungstrasse.

www.stadt-forschung.at

JOHANNES HLOCH

geboren 1980, studierte Landschaftsplanung und -architektur an der Universität für Bodenkultur in Wien (Diplom 2007). Anschließend wandte er sich intensiver der Fotografie zu. 2009 Meisterprüfung Fotografie, seit 2010 selbstständig als Fotograf, seit 2020 auch mit einem Ingenieurbüro für Landschaftsplanung.

Zu seinen Kunden zählen Verlage, NGOs, Unternehmen, öffentliche Institutionen sowie Architektur- und Landschaftsarchitekturbüros. In seinen freien Arbeiten beschäftigt er sich mit Kulturlandschaften und Siedlungsräumen – mit Orten, die von Menschen hergestellt und beeinflusst werden und die in starker Wechselwirkung mit der menschlichen Gesellschaft stehen. In seinen Bildern lässt er diese Orte ihre Geschichten erzählen.

Seit seiner Kindheit verbringt er regelmäßig Zeit in Reichenau an der Rax, wo seine Großeltern lebten. Das Höllental und die umliegenden Quelleinzugsgebiete der I. Wiener Hochquellenleitung zählen zu seinen absoluten Lieblingslandschaften.

Heute lebt und arbeitet er von Wien aus.

www.hloch.at